작심하고 다시, 기자

작심하고
다시, 기자

장인수 지음

권력의 비리를 감시하고 추적하고 고발하는 기자,
장인수의 취재 열전

시월

머리말

2023년 11월 20일, 16년 동안 다녔던 MBC를 퇴사했다. 별다른 계획은 없었다. 디올백 보도를 성공시켜야 한다는 생각만 가득했다. 그 외에 다른 걸 생각할 겨를이 없었다. 사표를 내고 1년이 지났다. 후회? 잘 모르겠다. 20년을 기자로 살았다. MBC에 남았다면 데스크가 될 연차다. 취재 현장을 떠나기 전에 한 번쯤은 조직이 시키는 거 말고 마음대로 취재해 보고 싶었다. 그게 기자 아닌가? 조직을 떠나 맞닥뜨릴 세상은 냉엄하겠지만 잃는 게 있으면 얻는 게 있는 법. 까짓것 한번 해보는 거지.

기자가 갖춰야 할 자질 대부분은 수습 때 배운다. '팩트면 쓴다.' 이게 핵심이다. 간명하고 확실하다. 여기엔 의도가 없고, 상황에 좌우되지 않으며, 권력이 개입할 여지가 없다. 수습 때 배운 게 맞다면 기자란 '팩트면 쓰는 사람'이다. 그런데 김건희와 이명수 기자의 '7시간 녹취록'을 보도할 때는 '사실이면 쓴다'는 기준보다 우선하는 게 있었다. 사실이어도 쓸 수 없는, 혹은 써서는 안 되는 많은 이유들이 존재했다. 김건희 발언에는 문제가 될 만한 것들이 많았다. 위험한 생각들도 엿보였다. 하지만 위에선 '김건희가 한 말이 사실인지 아닌지 모른다', '김건희가 그렇게 말한 의도를 모르지 않냐'며 보도하기 어렵다고 했다. 이게 뭔 말? 가장 좋은 언론사로 손꼽히는 MBC에서 벌어진 일이었다.

'의도'는 기자의 영역이 아니다. 이를테면 어떤 정치인이나 권력자가 뇌물을 받았다면, 그리고 그 사실을 기자가 알았다면, 기자는 사실에 입각해 보도하면 그뿐이다. 돈 받은 의도를 몰라서 못 쓴다는 말은 성립되지 않는다. 팩트에 따라 보도할지 말지를 판단할 수 있는 기자이고 싶다. 위에서 시키는 대로 하는 기자는 지겹게 했다.

MBC에 사표를 내자마자 우연인지 운명인지 고교 동창인 임성준 PD를 만나 고민과 계획을 얘기했다. 곧바로 의기투합해 유튜브 채널 〈저널리스트〉를 만들었다. 저널리스트의 지향은 명확하다. 검찰개혁과 언론개혁이다. 지금은 고인이 된 이용마 선배가 2017년 3월 11일 20차 촛불집회에서 한 연설이 기억난다.

> "사회적 적폐를 청산하는 첫 번째 출발점은 검찰과 언론을 개혁하는 것입니다. (중략) 검찰과 언론이 바로 서면 재벌의 문제, 관료의 문제, 기업의 문제, 노동의 문제 그 모든 사회적 적폐를 해결할 수 있는 그 출발점이 되는 것입니다."

당시 이 선배는 복막암을 앓고 있었고 이미 건강이 꽤 악화된 상황이었다. 서서히 다가오는 죽음을 마주한 채 그가 마지막까지 외쳤던 건 검찰개혁, 언론개혁이었다. 검찰과 언론이 개혁돼야 다른 개혁들이 비로소 가능해진다는 이용마 선배의 주장에 전적으로 동의한다. 검찰과 언론은 칼과 같다. 잘못된 것을 베어버리고 엄단해야 한다. 이 칼이 제 기능을 하지 못하면 무엇도 바꿀 수 없다. 언론이 잘못된 것을 보도하지 않고 검찰이 죄지은 사람을 기소하지 않는다면, 교육도 종교도 관료도 사법도 재벌도 정치도 개혁할 수 없다. 안타깝지만 사회의 썩은 곳 앞에만 가면 무뎌지는 게 지금의 언론과 검찰이다.

반면 자신들을 개혁하겠다는 사람들한테는 더 없이 날카로운 칼날을 휘두른다. 더 큰 문제는 언론과 검찰이 결탁해 법 위에 군림한다는 것이다. 잘나가는 특수부 검사 출신 대통령 남편을 둔 김건희는 주가조작 증거가 차고 넘치고 명품백 받는 모습을 전 국민이 지켜봤는데도 소환 조사 한번을 안 받고 있다. 법 앞에 만인이 평등하다는 원칙은 이미 무너졌다. 검찰과 언론이 변하지 않는다면 대한민국은 단한 걸음도 앞으로 나가지 못할 것이다.

저널리스트는 잘못된 것을 잘못되었다고 말할 것이다. 혹자는 기자란 정치적 중립을 지켜야 하고 불편부당해야 한다고 말한다. 맞는 말이다. 하지만 이 중립이 기계적 중립을 뜻하는 건 아니다. 미국 드라마 〈뉴스룸〉의 한 에피소드. 보도국에서 회의를 하는데 후배 기자가 이렇게 보도하면 정치적으로 편향됐다는 비판을 받을 수 있다며 중립을 지키는 게 중요하지 않냐고 말한다. 그러자 주인공인 앵커는 이렇게 말한다. "한쪽에선 지구가 네모나다고 주장하고, 한쪽에서 둥글다고 해. 그런데 언론이 짠 하고 나타나서 양쪽의 주장을 똑같이 보도해. 그리고 나서 우리는 모르겠고 중립을 지켰으니 이제 국민이 알아서 판단하라고 해. 이게 중립이니?" 불편부당을 핑계로 왜곡된 현실을 외면하거나, 시대정신을 망각한 사람을 언론인이라고 부를 수 있을지 의문이다. 적어도 20년을 기자로 살았고 앞으로도 기자로 살 생각이라면 시대정신이 무엇인지 자각해야 한다. 대한민국의 시대정신은 언론개혁과 검찰개혁이고 그것이 저널리스트의 방향이다. 우리는 시대정신에 입각한 기사를 발굴하고 보도하려고 한다.

MBC를 그만두고 저널리스트를 시작하며 『작심하고 다시, 기자』를 내놓는다. 이 책에서 왜 MBC를 그만두었는지 구체적으로 이야기하려고 한다. 마음속에 담아두기만 하고 누구에게도 하지 못한 얘기들이 있다. MBC가 김건희 디올백 수수 사건 보도를 불허했다는 건 사표를 낸 이유의 일부일 뿐이다. 실은 김건희 7시간 녹취록 보도 이후 계속해서 사표를 생각해왔다. MBC는 나를 키워준 매체다. MBC가 싫어서 나온 것은 아니다. MBC를 비난할 의도는 없다. 앞서 말했듯 기자에겐 의도보다 사실이 중요하고, 그 사실이 보도가치가 있다면 쓰고 말할 뿐이다. 작은 바람이 있다면 MBC를 떠나게 된 내 이야기가 한국 언론의 가능성과 한계를 가늠해보는 계기가 됐으면 한다.

16년간 몸담았고, 또 사랑했던 곳에 대해 할 수 있는 한 예의를 갖추려고 한다. 그 예의란, MBC를 떠난 이야기를 방송에 나와 쉽고 가볍게 떠들어대는 것이 아니라 책이라는 매체를 통해 표현을 고민하고, 한 글자 한 글자 세심하게 써 내려가는 것이라고 판단했다.

그동안의 기자 생활에 대해서도 한 번쯤 정리하고 싶었다. 수습 때 배웠던 기자의 덕목은 이런 것들이다. '강자에게 강하고 약자에게 약한 사람. 권력과 자본을 감시하는 사람. 하나의 사실을 확인하기 위해 마지막까지 치열하게 확인하고 또 확인하는 사람. 팩트면 쓰는 사람.' 그동안 이런 덕목들을 완벽하게 갖추진 못했지만 적어도 그런 기자가 되려고 노력했다. 새로운 길 위에 서 있는 만큼 그간 취재한 기사들 중에서 나름대로 가치가 있다고 생각한 보도들을 정리했다. 이 작업을 통해 독자들에게 평가받고 동시에 스스로도 되돌아보고 싶다.

과거 행적을 보면 앞으로의 행보도 짐작할 수 있다. 그래서 이 책은 나의 과거이며 동시에 방향이기도 하다. "나는 이런 기자였습니다"라고 말하는 것은 "앞으로 이런 기자로 살겠습니다"라는 의미와 다르지 않을 것이다.

지난 20년간 기자로 살았고, 앞으로도 기자로 살아갈 것이다. 나의 작심이다.

2025년 1월 5일
장인수

임성준 PD와 나

목차

PART 1.

김건희와 디올백

최초보도
2023년 11월 27일, 서울의소리

1

의도치 않았지만 사건은 만들어지고

돌아보면 소설의 첫 장면과 비슷했다. 대한민국을 뒤덮은 이상하고 비상식적인 이 사건의 시작은 한 통의 전화였다. 2022년 9월 '서울의소리' 이명수 기자가 걸어온 전화를 받았다. 이 기자는 흥분한 목소리로 다짜고짜 최재영 목사가 김건희에게 명품 가방을 줬고, 그걸 몰카로 촬영했다고 했다. 처음엔 무슨 말인지 잘 이해되지 않았다. 김건희를 만나서 명품 가방을 줬다는 것도, 그걸 몰카로 찍었다는 것도 쉽게 받아들여지지 않았다. 최재영 목사는 뭐 하는 사람인데 명품을 김건희에게 줬지? 그리고 주면 줬지 그걸 왜 촬영할 생각을 했나 싶었다(심지어 목사라는데!). 백번 양보해서 이런 황당한 일을 시도했다 하더라도 대통령 경호실이 엄연히 존재하는데 어떻게 그것이 가능하겠냐는 생각이 들었다. 그렇다고 이 기자의 말을 믿지 않을 수도 없었다. 그는 없는 사실을 말하는 사람이 아니었다. 사건의 전말을 듣고 난 이후엔 이 기자와 최 목사의 의도를 의심했다. '무슨 생각에서 이런 일을 벌인 거지?' 끊임없이 캐고, 검증했다. 집요하게 물었고, 세세하게 따졌다. 이 기자와 최 목사가 함께 있는 자리에서도 물었고, 따로따로 만나서도 물었다. 그렇게 묻고, 듣고, 다시 묻기를 반복한 끝에 결론을 내렸다. '대한민국을 뒤흔들 특종이다!'

최재영 목사의 이야기 – 김건희와의 만남

디올백 사건의 얼개를 정확히 파악하려면 나와 이명수 기자 그리고 최재영 목사 각각의 시점에서 사건을 들여다볼 필요가 있다. 가급적이면 기자로서 직접 보고, 겪고, 취재한 내용을 중심으로 이야기를 풀어나가려 한다. 하지만 내가 직접 겪거나 보지 않은 상황을 설명할 필요가 생기면 이 기자와 최 목사의 입장에서 그들의 이야기를 전달할 것이다. 이번 장과 다음 장은 최 목사와 이 기자로부터 들은 내용을 기반으로 한다. 내가 직접 벌인 일이 아니라 모든 이야기가 100% 팩트라고 단정할 수는 없다. 그래도 그들의 말은 영상과 카톡 등의 자료를 통해 대부분 사실로 입증됐다. 입증되지 않은 부분이 다소 있겠지만 그렇다고 거짓이라고 볼 정황도 없다.

최재영 목사는 평생을 통일운동에 매진해온 분이다. 미국 시민권자로 가족들과 함께 미국에 거주하지만 1년 중 겨울을 뺀 봄·여름·가을은 한국에서 활동하고 있다. 디올백 사건의 시작은 공교롭게도 MBC 탐사보도 프로그램 〈스트레이트〉가 2022년 1월 16일 보도한 '김건희 7시간 녹취록'이었다. 최 목사는 당시 미국에서 〈스트레이트〉 방송을 봤다고 한다. 그는 한국에 들어와서 3월에 이명수 서울의소리 기자에게 만나자고 연락한다. 자기처럼 남 모르게 김건희와 연락을 주고받고 있는 사람이 진보진영에 또 있다는 게 신기하기도 했고, 김건희와 어떤 식으로 소통했는지 궁금하기도 했다고 한다. 최 목사는 이전에 서울의소리 방송에 출연한 적이 있다. 그때 알게 된 서울의소리 이득신 작가를 통해 연락을 넣었다고 한다. 최 목사와 이 기자는 3월에 처음 만난다. 디올백 보도의 시작이었다.

최 목사는 2022년 1월부터 김건희와 카카오톡 대화를 시작했다. 이런저런 조언을 해줄 생각으로 카카오톡을 보냈는데, 예기치 않게 김건희로부터 답이 왔다는 것이다. 아쉽지만 둘의 대화가 처음 시작될 때의 카카오톡 화면은 확보하지 못했다. 최 목사가 휴대전화를 교체하면서 중요한 부분을 캡처해놨는데 첫 대화 장면은 캡처하지 않았다. 둘의 카카오톡 대화는 2022년 1월부터 2023년 9월까지 계속됐다. 2022년 2월부터 5월까지는 최 목사가 직접 캡처한 주요 카톡 화면을, 2022년 5월부터는 카카오톡 대화 내용 전체를 확보했다. 적지 않은 분량으로 이 카톡 대화만 찬찬히 읽어봐도 김건희가 어떤 사람인지 파악할 수 있다. 김건희는 2021년 12월 26일 기자회견을 한다. 대선을 3개월도 남겨두지 않은 상황에서 김건희의 학력과 경력 조작 의혹이 계속해서 제기됐다. 기자회견에서 그녀는 학력과 경력을 부풀렸다고 시인하고 사과한다.

> "일과 학업을 함께 하는 과정에서 제 잘못이 있었습니다. 잘 보이려 경력을 부풀리고 잘못 적은 것도 있었습니다. 그러지 말았어야 했는데, 돌이켜 보니 너무나도 부끄러운 일이었습니다. 모든 것이 저의 잘못이고 불찰입니다. 부디 용서해 주십시오. 국민 여러분께 진심으로 사죄의 말씀을 드립니다."
>
> _김건희 기자회견 중에서(2021.12.26)

 하지만 석 달 뒤 김건희는 진보가 자신을 허위학력이라고 우긴다고 항변했다. 심지어 '너무 열심히 살아온 죗값'이라며 허위 경력과 학력을 인정했던 자신의 사과를 180도 뒤집었다. 그녀는 자신과 관련된 의혹에 대해선 언제나 억울하다며 근거 없는 정치공세라고 얘기했다. 또 이재명, 조국, 유시민, 김어준에 대해서는 근거 없는 악의적인 공격을 되풀이했다. 최 목사는 김건희의 주장이 거짓말인 줄 알았지만 대화를 이어가기 위해 맞장구를 쳤다. 이후 인터뷰에서 최 목사는 김건희 거짓말에 장단을 맞추느라 많이 힘들었다고 토로했다. 그는 주로 남북관계, 윤석열·김건희 부부의 이미지에 대해 충고했다. 남북관계가 화해와 평화를 향해 나아가야 한다, 대중 앞에 설 때는 웃어라, 미국에서 외교사절이 오면 선물은 이런 걸 하라는 내용까지 대화의 주제는 다양했다. 최 목사는 김건희가 자신의 권유를 받아들였다고 주장하기도 했다. 대선 이후 외교사절단이 대한민국을 방문했을 당시 우리나라 정부가 건넨 선물이 최 목사가 권했던 것과 비슷한 종류였다고 한다. 둘의 카카오톡 대화는 당선 이후에도 활발하게 이어졌다. 김건희는 자신과 관련한 의혹이나 논란이 제기될 때마다 적극적으로 해명했다. 물론 다 거짓말이었다.

해외 순방 시 대통령 전용기에 자신과 친한 민간인(이원모 대통령실 비서관의 아내 신 모 씨. 신 씨는 자생한방병원 이사장의 딸이다)을 태운 것도, 극우 유튜버 안정권의 친누나를 대통령실 직원으로 채용한 것도, 양평고속도로 노선이 자기 집안 땅을 지나가도록 변경한 것도 자기와는 상관없고 모르는 일이라고 했다.

그런데 최 목사는 어떻게 김건희와 민감한 주제들에 대한 이야기를 나눌 수 있었을까? 그는 기본적으로는 통일운동가다. 그런데 그의 관심사는 남북관계에만 머물지 않는다. 호기심이 많은 그는 궁금한 사안이 있으면 누구에게든 연락해 만나서 인터뷰하고 기록하는 일을 꾸준히 해왔다. 이를테면 MBC가 2020년 3월 한동훈 당시 검사장과 이동재 채널A 기자 사이에 벌어졌던 이른바 검언유착 의혹에 대해 보도했을 때 최 목사는 이 사건의 제보자였던 '제보자X'를 개인적으로 연락해 만나 인터뷰를 했다. '제보자X라는 사람이 자신에게 닥칠 위험을 감수하면서까지 제보를 했는지 궁금했다'는 게 이유였다. 최 목사는 10여 년 전에 천공을 만나 인터뷰한 적도 있다. 부산의 한 호텔에서 강연을 한 적이 있는데 그다음 순서가 천공 강연이었다고 한다. 그는 천공이라는 사람에 대해 호기심을 느꼈고 곧장 연락해 그날 밤 천공과 그의 사상(?)에 대해 대화를 나눴다. 당시 대화는 천공 측에서 영상 촬영도 했다고 한다. 최 목사가 김건희에게 카톡을 보내 대화를 시작한 것도 어떤 구체적인 계획이나 목적이 있었다기보다는 호기심의 발로였던 걸로 보인다.

2022년 3월 9일 운명의 대선이 치러진다. 투표가 시작되기 전 새벽 둘은 카톡으로 대화를 나눴다. 이날 오후 아직 투표가 진행 중인 데 김건희는 당선을 예감했던 것인지 자신이 영부인으로 어떻게 활동한 것인지에 대해 얘기하기도 했다.

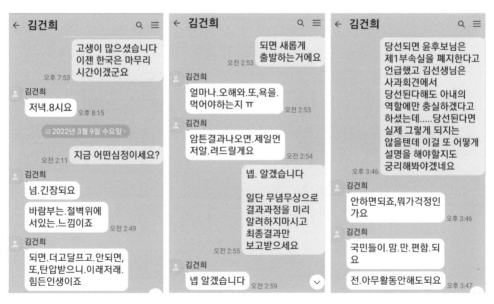

20대 대선 당일 최재영 목사와 김건희가 나눈 대화

결국 윤석열이 대통령에 당선됐다. 5월 10일 열린 대통령 취임식, 최 목사는 외빈 초청 만찬에 초대돼 참석했다. 이때까지 그는 김건희를 만난 적은 없었다. 동향이고 집안끼리 약간의 안면이 있었다고는 하지만 둘은 남남이나 마찬가지였다. 최 목사가 먼저 만찬에 초청해 달라고 김건희에게 요청하자 얼마 뒤 외교부로부터 초청장을 받았다. 취임식 만찬엔 5대 재벌 총수, 윤석열 측근, 유력 정치인, 외교 사절 등 150여 명만 참석했다. 그런데 최 목사는 김건희와 4개월간 카톡을 주고받은 인연으로 이 만찬에 초대를 받은 것이다. 더군다나 그는 북한을 수차례 왔다 갔다 한 친북 인사 아닌가. 취임식부터 기괴한 일이 벌어진 것이다.

이날 취임 만찬에서 김건희와 처음 만난 최 목사는 윤석열과도 인사를 나누었다. 그의 증언에 따르면 당시 윤석열은 최 목사를 알아보는 눈치가 아니었다고 한다. 악수를 하며 눈을 마주쳤는데 윤석열은 '이 사람 누구지?' 하는 표정이었다고 한다. 만찬은 여러모로 정신 없는 자리라 윤석열 내외와 많은 얘기를 나눌 수는 없었다. 하지만 최 목사는 특유의 사교성을 유감없이 발휘한다. 참석자들과 두루 인사하고 꼼꼼하게 사진을 찍고 기록을 남겼다. 대통령 당선을 축하하고 서로 친분을 나누는 자리다 보니 그곳에 모인 사람 대부분은 사진을 찍자는 최 목사의 제안을 흔쾌히 수락했다고 한다.

20년간 기자를 했지만 현직 대통령 내외는 물론이고 재벌 총수조차 만나 본 적이 없다. 그런데 최 목사는 이날 이들과 인사하고 사진 찍고, 같이 앉아서 대화하고 밥을 먹으며 친목을 다졌다. 최 목사가 김건희에게 큰 혜택을 받은 셈이었다. 별다른 기대 없이 한 요청을 김건희가 흔쾌히 들어주었으니 이제는 최 목사가 감사 인사를 할 차례였다. 이때 서울의소리 이명수 기자가 등장한다.

2022년 5월 10일 대통령 취임 만찬에서 최 목사가 찍은 사진들

이명수 기자와의 만남

시계를 두 달 전인 2022년 3월로 돌려보자. 보통 최재영 목사는 한국에서 활동하다 12월부터 2월까지는 미국에 들어가 가족과 함께 시간을 보냈다. 최 목사는 3월에 한국에 들어와 서울의소리 직원을 통해 이명수 기자에게 만나자는 연락을 넣었다.

둘은 확실한 진영론자다. 보수정당, 보수언론이라면 치를 떤다. 북한에 여러 차례 드나든 최 목사는 보수진영 시각으론 영락없는 종북좌파였다. 이 기자는 윤석열, 김건희를 타도 대상으로 여긴다. 이런 둘이 김건희와 오랜 기간 대화를 나누며 친분(?)을 쌓았다는 사실은 매우 특이하다. 진보 성향이면서도 김건희와 오랫동안 대화를 나눴다는 특이한 공통점 때문에 둘은 자연스럽게 친해졌다.

3월 첫 만남 이후, 최 목사는 이 기자에게 김건희와 카톡 대화를 나누고 있다는 사실을 얘기해줬다. 취임식 만찬에 초대받았을 때도 최 목사는 이 기자에게 참석하는 게 좋을지 물어봤다. 최 목사는 다른 사람의 의견을 묻고 듣길 좋아한다. 이후 최 목사는 김건희와 접촉하고 대화 나누는 문제를 이 기자와 자주 논의했다. 몇 개월 뒤의 일이지만 내가 취재에 참여하고부터는 셋이서 많은 문제를 상의했다. 이 기자는 김건희와 적극적으로 연락하고 친분을 쌓으라고 조언했다. 7시간 녹취록 보도 이후 김건희와 모든 관계가 단절된 이 기자 입장에서는 최재영 목사라는 예상치 못한 좋은 취재 통로가 생긴 셈이었다. 이 기자는 처음에는 김건희가 당선 이후 어떻게 지내는지 최 목사를 통해 들어볼 요량이었다고 했다.

취임식에 다녀온 최 목사는 김건희에게 어떤 식으로 감사 인사를 드려야 할지 물어봤다고 한다.

"김건희가 명품 좋아하니까 명품 사주면 어때요?"

이때까지만 해도 둘은 명품을 이용해 촬영하거나 뭔가를 폭로할 생각은 없었다고 한다. 하지만 세상일이라는 게 어디 뜻한 대로만 흘러가던가.

김건희와 최재영 목사의 카톡 모음

1. 김건희 허위학력에 관한 변명

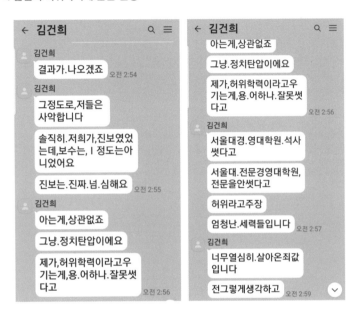

2. 유시민, 조국, 김어준 등에 관한 근거 없는 비난

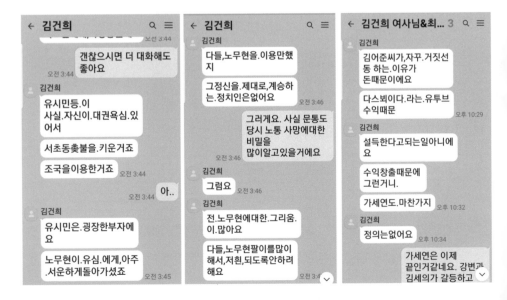

3. 자신의 의혹에 관한 거짓 해명들

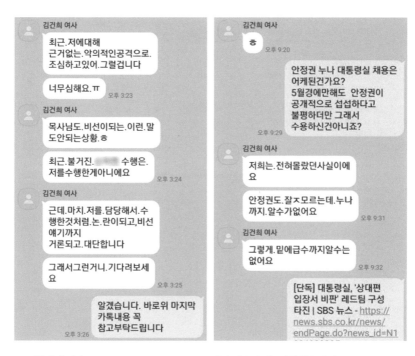

비선 실세 관련

극우 유튜버 대통령실 채용 관련

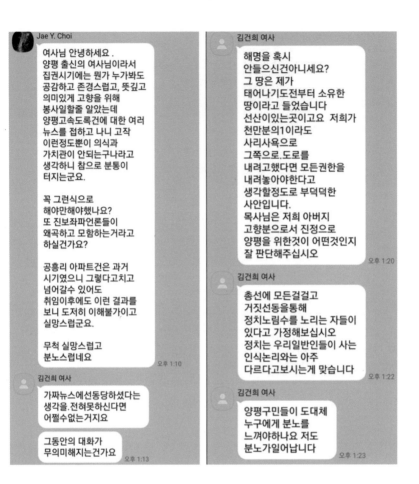

Jae Y. Choi

여사님 안녕하세요 .
양평 출신의 여사님이라서
집권시기에는 뭔가 누가봐도
공감하고 존경스럽고, 뜻깊고
의미있게 고향을 위해
봉사일할줄 알았는데
양평고속도록건에 대한 여러
뉴스를 접하고 나니 고작
이런정도뿐이 의식과
가치관이 안되는구나라고
생각하니 참으로 분통이
터지는군요.

꼭 그런식으로
해야만해야했나요?
또 진보좌파언론들이
왜곡하고 모함하는거라고
하실건가요?

공흥리 아파트건은 과거
시기였으니 그렇다고치고
넘어갈수 있어도
취임이후에도 이런 결과를
보니 도저히 이해불가이고
실망스럽군요.

무척 실망스럽고
분노스럽네요
오후 1:10

김건희 여사

가짜뉴스에선동당하셨다는
생각을.전혀못하신다면
어쩔수없는거지요

그동안의 대화가
무의미해지는건가요
오후 1:13

김건희 여사

해명을 혹시
안들으신건아니세요?
그 땅은 제가
태어나기도전부터 소유한
땅이라고 들었습니다
선산이있는곳이고요 저희가
천만분의1이라도
사리사욕으로
그쪽으로.도로를
내려고했다면 모든권한을
내려놓아야한다고
생각할정도로 부덕덕한
사안입니다.
목사님은 저희 아버지
고향분으로서 진정으로
양평을 위한것이 어떤것인지
잘 판단해주십시오
오후 1:20

김건희 여사

총선에 모든걸걸고
거짓선동을통해
정치노림수를 노리는 자들이
있다고 가정해보십시오
정치는 우리일반인들이 사는
인식논리와는 아주
다르다고보시는게 맞습니다
오후 1:22

김건희 여사

양평구민들이 도대체
누구에게 분노를
느껴야하나요 저도
분노가일어납니다
오후 1:23

양평고속도로 관련

2

아무것도 받지 않았다면, 아무 일도 일어나지 않았다

이명수 기자의 이야기 – 180만 원짜리 샤넬 향수와 화장품

이명수 기자는 처음엔 이 일을 취재의 연장선 정도로 생각했다. 김건희가 영부인이 된 다음 어떻게 지내는지, 어떤 말을 하는지, 국정에 관여하지는 않는지, 최 목사를 통해 파악하고 싶어 했다. 그러려면 최 목사가 김건희와 자주 만나야 했다. 김건희와의 만남을 화기애애하게 만들어줄 수 있는 것이 바로 명품 선물이었다. 하지만 최 목사의 주머니 사정이 그리 넉넉지 않았다. 눈치가 빠른 이 기자는 자기가 선물을 마련하겠다고 제안했다.

2022년 6월 3일 이 기자는 서울의소리에서 가까운 영등포 신세계백화점에서 28만 원짜리 샤넬 향수를 구입한다. 그런데 향수를 본 최 목사의 표정이 그리 좋지 않았다고 한다. 향수 크기가 너무 작았기 때문이다. 포장해도 손바닥보다 작은 크기의 선물을 들고 가기는 좀 그렇다는 얘기가 나왔다. 열흘 뒤 이 기자는 다시 백화점을 찾았다. 이번엔 명동 신세계백화점이었다. 이미 샤넬 향수를 샀으니 다른 브랜드나 제품을 사면 이상할 것 같아 샤넬 매장에서 151만 8천 원짜리 수블리마지 화장품 세트를 구매했다.

김건희에게 건넸던 샤넬 향수와 화장품

이 과정을 보면 최 목사와 이 기자가 함정취재를 할 생각으로 명품을 산 게 아니라는 게 설명된다. 함정취재를 할 생각이었다면 처음에 28만 원짜리 향수만 사지는 않았을 것이다. 명품백 같은 수백만 원짜리 물건을 샀어야 한다. 선물이 준비되자 최 목사는 김건희에게 카카오톡을 보낸다.

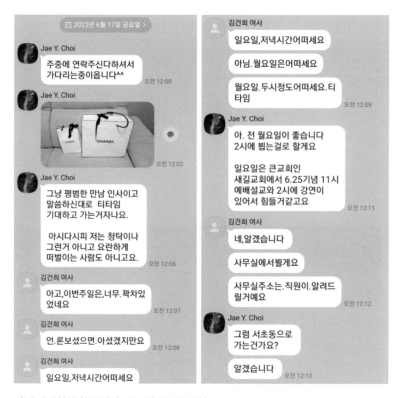

당시 김건희와 최 목사가 나눈 카카오톡 대화

약속대로 최 목사는 6월 20일 오후에 서울 서초동 코바나컨텐츠를 찾아간다. 그는 오후 1시 반쯤 서초동 아크로비스타 상가 안 파리크라상 앞에 도착해 연락했다. 코바나컨텐츠 직원이었다가 대통령실 소속 공무원이 된 유 모 비서가 마중 나왔다. 코바나컨텐츠 사무실 앞에서 경호원들이 샤넬 화장품 쇼핑백을 받아서 보안검색대로 가져갔다. 코바나컨텐츠 사무실은 지하 1층이었다. 검색대는 지상 1층 현관 로비에 있었다. 상가가 있는 지하 1층은 복도가 좁고 오가는 사람도 많아 자리를 꽤 차지하는 검색대를 설치하기 어려웠을 걸로 짐작된다.

경호원들은 약 15분 뒤 쇼핑백을 최 목사에게 되돌려줬다고 한다. 최 목사에 따르면 이 보안검색대는 코바나컨텐츠 사무실로 도착하는 모든 우편물과 선물·소포·택배 등을 검색하는 용도로 쓰였다. 또 윤석열 내외가 2022년 11월 초 한남동 관저로 들어가는 날까지 상시적으로 설치 운영된 것으로 알고 있다고 최 목사는 설명했다.

최재영 목사가 촬영한 아크로비스타 현관 검색대(2022.7.23)

최 목사는 이날 녹음기나 몰카를 준비하지 않았다. 이때까지만 해도 김건희가 무슨 얘기를 하는지 들어보고 친분을 더 쌓자는 생각이었다. 대통령실 경호원들도 무서웠을 것이다. 이런 이유로 첫 만남에 몰카나 녹음기를 숨겨 들어갈 생각은 하지 않았다. 하지만 최 목사는 이날 코바나컨텐츠의 보안 검색이 꼼꼼하게 진행되지 않는다는 걸 알았다. 이는 다음 방문 때 몰카를 준비하는 계기가 된다.

처음엔 둘의 행동이 선뜻 이해되지 않았다. 첫째 명품 화장품을 받았으면 그 자체가 문제인데 그걸 주면서 고발할 생각이 없었다는 점이다. 두 번째로는 갑자기 생각을 바꾸게 된 계기였다. 이들은 두 번째 만남을 준비할 당시, 함정취재의 비판을 감수하면서 디올백을 준비하고, 몰래카메라가 내장된 디지털 손목시계를 이용해 모든 과정을 촬영하고 녹음했다. 첫 번째 만남에서 무슨 일이 있었던 것일까?

〈검색대 설치에 관한 윤석열의 입장〉

윤석열은 22대 총선을 앞두고 여당의 지지율이 좋지 않자 2024년 2월 7일 KBS와 특별대담을 한다. 당시 그는 검색대 설치와 관련해 이렇게 말했다.

"제 아내의 사무실이 그 지하에 있었습니다. 그런데 이제 그런 거를 검색하는 검색기를 거기다가 설치를 할 수가 없었고요. 지금은 다 돼 있습니다만은 그거를 설치를 하면 복도를 막혀가지고 주민들한테 굉장히 불편을 주기 때문에 그걸 할 수가 없었고 그리고…"

KBS 특별대담(2024.2.7)

KBS는 친절하게 '보안을 위한 검색기를 설치할 수 없던 상황'이라고 자막까지 달았다. 이 특별대담을 보면서 윤 정부의 처참한 수준을 뼈저

리게 실감했다. 검색대가 있는지 없는지 모르는 윤석열과 그 참모들의 상황 파악 능력도 그렇고 뻔히 들통날 거짓말을 하는데 그게 아니라고 제대로 바로잡아줄 참모가 하나 없다는 사실도 그렇다. 최소한 경호실 직원들은 검색대가 있다는 걸 다 알았을 것이다. 2023년 11월 디올백 수수 사건 최초 보도할 때도 검색대가 있었다는 사실을 다 설명했었다. 이 정부는 처음부터 입만 열면 거짓말이었다. 습관이 돼서 기초 사실도 파악 안 하고 자신들에게 유리하게 말을 꾸며댔다. 명품백인지 모르고 받았다고 거짓말을 하기 위해 멀쩡히 있는 보안검색대를 없애 버린 것이다. 하긴 '바이든-날리면'에 비하면 이 정도 거짓말은 애교에 가깝다.

폭로를 결심한 이유

서초동 아크로비스타 지하 코바나컨텐츠 사무실에서 처음 만났을 때 최 목사와 김건희는 약 2시간 30분가량 이야기를 나누었다. 최 목사는 헤어진 뒤 대화 내용을 기록했다. 최 목사의 기록을 그대로 전한다.

최재영 목사 메모

제목: 김건희 여사와 최재영 목사의 '대담 요약 건'

(2022년 6월 20일 접견시 대화 메모를 중심으로)

∘ 대담 일시: 2022년 6월 20일(월) 오후 1시 53분~ 4시 30분까지(약 2시간 37분)

∘ 대담 장소: 서초동 아크로비스타 상가內 코바나컨텐츠 사무실

∘ 대담자: 최재영목사 & 김건희 여사(外 비서 2인: 유○○, 정○○)

∘ 대담 목적:

(1) 취임 한 달을 맞이한 윤석열 정부의 일반 국정을 비롯해 남북문제, 통일문제, 북미문제, 한반도문제 등을 조언 및 건의하려는 차원에서의 접견. 그리고 미리 준비한 취임 축하 선물(샤넬 향수와 화장품)을 전달해주려는 의도.

(2) 미리 준비한 취임축하 선물은 〈정가 1,518,000원짜리, 샤넬 화장품 세트〉와 〈정가 28만원 짜리, 샤넬 향수〉였으며 이날 접견시 영부인 김건희에게 직접 전달하였다(선물액수 합계 1,798,000원). 그러나 이 선물은 전달자인 최목사와 김건희의 "개인적인 관계에서의 선물이지 뇌물이나 청탁의 용도

가 아님"을 분명히 밝힌다. 선물구입 비용은 평소 필자와 친분이 있던 서울 의소리 이명수 기자가 전액 지원하였다.

∘ 대담 녹취 방식:

이날 접견 대화내용은 녹음, 녹화 등을 일체하지 않았고(그럴 이유도 없었고, 그렇게 할수도 없었음) 중요 부분에 대해 현장에서 육필 메모만 했음.

접견 절차 메모

1. 아크로비스타 상가 도착:

접견자인 최목사가 오후 1시 30분경 서초동 아크로비스타 상가 안에 있는 파리 크라샹(빵집, 제과점) 앞에 도착함. 전 코바나컨텐츠 직원이었던 유○ ○ 비서(현재 대통령실 영부인 담당 비서)가 마중 나옴. 유비서를 따라서 코 바나컨텐츠 사무실 앞에 도착함.

2. 최목사가 들고 간 쇼핑백에 대한 검색 절차:

코바나컨텐츠 사무실을 담당하는 경호팀에서 최목사가 선물로 가져간 화장 품 쇼핑백을 인계받아 검사하기 위해 검색대로 가져감.

3. 검색 절차를 마친 쇼핑백은 15분 후에 최목사에게 다시 전달:

검색대는 윤석열 자택과 코바나컨텐츠 사무실로 도착하는 모든 우편물과 선 물, 소포, 택배 등을 검사하는 용도이며, 아울러 내방객이나 접견자들이 들고

오는 물건이나 선물도 검색의 대상이 되고 있었음. 검색대 위치는 내외가 거주하는 생활공간인 아크로비스타 아파트의 1층 현관안에 있는 일반 거주민 접수대 뒤편에 상시 설치되어 있었음. 폭발물, 독극물 등을 검사하는 용도로 알려져 있고 윤석열 부부가 한남동 관저로 들어가는 날까지 상시 설치 운영 했음.

4. 최목사에 대한 몸수색 절차:

최목사가 코바나컨텐츠 사무실 앞에 대기하고 있다가 입장하자 담당 경호원들이 몸수색을 함. 코바나컨텐츠 사무실은 일반 여느 가정집처럼 신발을 벗고 사무실안으로 입장하는 구조이다. 가방과 몸수색을 마친 접견자가 신발을 벗고 안으로 들어가기 직전 현관 안에 비치된 소지품 보관함에 자신의 소지품과 핸드폰을 모두 꺼내서 보관해야 하며 접견하는 동안 보관하는 용도이다. 경호원의 요구에 의해 선택의 여지가 없이 소지한 전자제품과 핸드폰, 카메라, 녹음기 등은 무조건 넣어야 한다. 소지품 보관함은 투명 아크릴로 제작되어서 마치 어항이나 모금함처럼 생겼음.

5. 입장 후 최목사에 대한 다과 접대:

유비서와 함께 코바나컨텐츠 사무실안에 들어가서 영부인 김건희와 전 코바나컨텐츠 직원이었던 정○○ 비서(현재 대통령실 영부인 담당 비서)와 인사를 나누고 자리에 앉으니 테이블 위에 커피와 생수 그리고 참외와 과일을 준비해 접대함.

주요 대담 내용

※ 아래의 대담내용들은 2시간 넘게 이뤄진 대담의 전체 내용이 아니며 간단하게 메모한 것을 바탕으로 부분적으로만 적은 것임을 밝힌다. 또한 아래의 대화내용은 평소 카톡대화(카톡화면캡쳐 폴더)와 중첩되는 내용들도 있음을 밝힌다.

(1) 화장품 선물 전달에 대하여:

대담이 시작되어 최목사가 커피를 한 모금 마시고 난 후 준비해간 화장품 선물을 영부인 김건희에게 전달하자 김건희는 자신의 등 뒤에 있는 업무 책상에서 근무 중이던 정○○ 비서를 불러 선물 포장지를 뜯도록 지시함. 화장품과 향수 포장지를 해체하니까 김건희가 직접 물건을 어루 만지며 확인하더니 만족한 모습을 보이며 최목사에게 여러 말들을 하였음.

특히 김건희가 "그냥 오시지 뭘 이런걸 사 오셨어요? 한국이나 동양 여성들은 샤넬을 잘 안 찾는데 목사님이 이걸 어떻게 아시고 고르셨어요?"라고 질문하자 최목사가 "미국에 있는 와이프가 이걸 적극 추천했어요!."라고 답변하니 "아이구, 사모님께 정말 고맙다고 전해주세요!!"라고 감사의 표시를 함.

(2) 코바나컨텐츠 회사 운영에 대하여:

최목사가 "코바나컨텐츠 운영을 앞으로 어떻게 하시려고요?"라고 묻자,"저는 사임했고 이젠 오빠가 맡아서 할거에요"라고 짧게 답변함. 자세한 내용 설명을 부담스러워하는 것으로 보여 더 이상 묻지 않았음.

(3) 영부인 담당 제2부속실을 두는 것에 대하여:

영부인을 담당하는 제2부속실을 아직 안 만드는 것에 대해 최목사가 질문하자 "저희는 (영부인 담당 제2) 부속실이 그렇게 필요가 없어요. 오히려 복잡하기만 해요. 그냥 대통령실 부속실에서 하면 됩니다"라고 김건희가 답변함. 최목사가 "그럼 이 상태로 계속 갈 건가요?"라고 묻자 "윤대통령 공약이라서 현재까지 부속실 설치는 논의하지 않고 있어요. 지금 있는 인원만으로도 충분해요"라고 답변함. 이에 최목사가 노무현 정부의 사례를 들어 "부속실이 설치되면 임기 중에 영부인실에서 활동한 모든 자료나 접견했던 명단, 심지어 낙서 메모지까지 나중에 모두 국가기록원에 넘겨지는 것 때문에 부담이 돼서 그러시나요?"라고 했더니 "그런 이유는 전혀 아니죠"라고 답변함.

(※참고: 당시 확인한 바로는 부속실 행정관 2~3명이 영부인 업무를 전담하고 있는 듯 보였음. 용산 대통령실에서는 조○○ 과장이 담당했고, 코바나컨텐츠 사무실에서는 정○○과 유○○ 2인이 그림자 수행을 하면서 영부인 담당 업무를 보고 있었다. 이들을 통상 '배우자 팀'이라고 했으며, 나중에는 이들과 별도로 대통령 의전을 총괄하는 의전비서관실에서도 영부인 담당 직원이 1~2명이 더 있는 것으로 알고 있음.)

(4) 유시민 전 노무현재단 이사장에 대하여:

최목사와 여러 정치현안에 대해 신나게 대화를 하던 김건희가 갑자기 유시민을 비아냥거리며 "유시민은 현재 방배동에 60평대 고급아파트(빌라)에 거주하는데 이 부분에 대해서는 왜 다들(언론이나 진보측에서) 관심을 안 갖는지 모르겠어요? 안 그래요? 그리고 한동훈 장관이 노무현재단이나 유시민 이

사장의 계좌를 추적한 적이 없는데 자꾸만 봤다고 계속 우기고 있잖아요."라고 강변함.

(※참고: 최목사와 김건희가 접견하기 나흘 전인 2022년 6월 9일 한동훈 법무부 장관의 명예를 훼손한 혐의로 기소돼 재판에 넘겨진 유시민 노무현재단 이사장이 서울서부지법에서 열린 공판에서 벌금 500만 원을 선고받은 것을 염두에 두고 했던 발언).

(5) 탁현민 전 청와대 행정관에 대하여:

최목사가 "항간엔 일부 언론들도 그렇고 각종 대통령 행사나 정부 행사에 탁현민 행정관이 다시 필요하다는 이야기가 나돌던데요?…탁현민씨를 다시 스카웃 할건가요?"라고 진위 여부를 확인하자, "우리는 그 사람 필요 없어요. 필요했다면 벌써 했죠. 그건 다 쇼 하는거에요!"라고 단호하게 답변함

(※참고: 김건희는 그동안 탁현민 행정관이 문재인 정부에서 5년간 일했던 것을 쇼였다고 폄하했고 질문이 나오자마자 지체없이 그런 답변을 하는 것으로 보아 전 정권 인사들에 대한 부정적 소신이 확고해 보임. 김건희가 반문재인, 반유시민 등 전 정권에 대한 부정적 여론의 시발점이자 진원지로 보임)

(6) 남북통일에 대하여:

최목사와 남북문제에 대해 대화를 하던 중 김건희가 "5년내에 제가 남북통일을 꼭 이룰 거에요!"라고 단호하게 말하길래, 통일이 그렇게 쉬운 일은 아니라는 것을 최목사가 잘알기 때문에 속으로 하도 기가 막혀서 말문이 막혔음. 그러나 훗날 최목사가 여러 차례 천공을 만나 대담하고 나서 확인해보니

김건희가 지니고 있는 통일론과 대북관은 천공으로부터 전수받은 것이었고 천공의 이론과 내용이 일치했음. 천공의 통일론과 대북관에 김건희가 세뇌 되어있는 것으로 보였음.

(7) 북한의 인권문제에 대하여:

이어서 북한 관련 대화를 나누던 중 김건희가 "북한의 인권이 아주 심각해요"라며 언급하길래 대북전문가의 입장에서 볼 때 이는 극우들의 관점에서 보는 잘못된 북한정보였기 때문에 바로잡아주는 대화를 장시간 하였음. 북한 인권문제는 미국의 대북 적대시 정책의 산물이며 북한을 왜곡하여 굴절된 시각을 안겨준 결과라는 것을 알려주었음. 그러자 김건희는 뜬금없이 "문재인 대통령이 대북정책에 실패했잖아요. 왜 그런지 아세요? 퍼주기를 화끈하게 해 줘야되는데, '삶은 소대가리'라고 북한측에게 욕을 먹은 건 화끈하게 퍼주지 않아서 그런거에요"라며 문재인 정부의 대북 관계에 대해 이상한 논리로 평가했음. 그리고 김건희가 최목사에게 "한남동 공관 수리를 다 마치면 주변에 몇 명 모아 볼 테니 최목사님이 관저에 오셔서 꼭 좀 북한강연 좀 해주세요"라고 발언함.

(8) 북한의 종교에 대해서:

최목사가 북한의 종교와 인권에 대해서 잘못 알고 있는 부분을 시정해주고 바로 잡아주는 말을 듣던 김건희가 뜬금없이 "북한에도 여호와의 증인이 있나요?"라고 질문을 던짐.

(※참고: 김건희가 고교시절 여호와의 증인에 다녔다는 정대택씨의 증언을 뒷받침하는 듯했다. 아마 여호와의 증인과 전혀 무관하지는 않은 듯 보임)

(9) 조국 전 장관 사태에 대하여:

조국 사태에 대해 대화하던 중에 김건희는 "저희 남편(윤총장)이 사표 낸다고 청와대에서 들어가서 문재인 대통령을 독대했는데 문대통령이 윤총장에게 뭐라고 말했는지 아세요? '윤총장님은 그냥 그 자리 꼭 좀 지켜주세요. 저 대신 국민들에게 욕 좀 먹어주세요.' 라며 직접 당부했어요. 문재인 대통령은 보기보다 아주 우유부단해요. 문대통령이 조국에게 확 잡혀서 장관 사임을 못 시킨 겁니다. 우리 남편도 사임안시키고, 조장관도 사임 안시키고 그냥 우유부단해서 그런 사태가 왔던거죠. 민정수석은 대통령 내외와 가족들의 친인척 비리를 다 가지고 있어서 조장관을 제거도 못하고 전전긍긍하고 있는 사이에 윤총장은 문재인 대통령에게 충성을 다 한 거뿐이에요. 저희는 문대통령에게 충성만하고 방패막이 역할만 했어요"라고 발언함.

(10) 문재인이 민주당 의원 시절에 김건희가 주관한 미술전시회에 방문한 이야기에 대하여:

문재인과 자신과의 관계가 돈독했다고 설명하던 김건희는 "제가 세종문화회관에서 2013년에 준비한 '점핑 위드 러브(Jumping with love)' 전시회에 문재인 대통령이 참석해서 아이들 손을 잡고 점프했잖아요.
(※참고: 그땐 2012년 12월에 실시된 18대 대통령 선거에서 박근혜가 당선됐고, 2013

년도는 문재인이 대통령이 아니고 야당 국회의원 신분이었음.)

이야기를 듣고 있던 최목사가 "그런 점핑 전시회를 그 시기에 개최한 진짜 이유가 뭔 건가요?" 라고 묻자 김건희는 "뉴욕의 세계적인 사진사 필립 할스만(Philippe Halsman)이 당시 부통령 닉슨을 점핑시키는 사진을 찍었는데 그 사진 한 장 때문에 닉슨이 대통령이 되는 데 결정적 역할을 했잖아요. 그래서 제가 그 '점핑 위드 러브' 전시회를 개최한 이유는 다음 대선에서 그분(문재인)이 당선되도록 응원하려는 목적으로 기획한 거에요. 문재인 당선시키려구요. 그래서 문재인이 점프하는 장면도 여러 컷을 찍어서 대외적으로 알린 거구요"라고 답변함.

이어서 김건희가 최목사에게 "그것뿐 아니고 문 대통령 집권 시절 저희가 '자코메티' 전시회 할 땐 문재인 정부에서 도종환 장관(문화체육부)과 강경화 장관(외교부)도 와서 축사했잖아요. 그 정도로 저희는 문재인 정부 사람들을 좋아했고, 문재인 대통령을 좋아했고 지지했죠"라고 발언함.

(※참고: 그러나 최목사가 시기를 검증해보니 2012년 대선은 이미 2012년 12월에 끝났고, 점핑 전시회는 1년 후인 2013년 12월 3일(화) ~ 2014년 2월 23일(일)에 개최되었기 때문에 김건희의 해당 발언은 오류가 있어 보였다. 그러나 그 발언은 김건희가 2013년 대선이 아닌 2018년 대선을 염두했던 발언으로 판단됨. 이어서 김건희는 2018년 대선에 출마한 문재인을 지지하려는 목적으로 2017년 2월, 자신의 SNS에 또다시 그 점핑 사진(2013년에 문재인이 점프한 장면)을 올린 것으로 보아 박근혜 탄핵 후 치러진(2018년 5월 9일) 대선 정국에서 문재인 후보를 적극 지지한 것은 사실로

확인됨. 그리고 김건희는 대선 투표 결과가 발표된 5월 10일 당일에도 문재인 점프사진을 또다시 한 번 올렸다.

또한 윤석열 검찰총장 임명장 수여식을 하던 날 청와대를 방문한 김건희가 1M×1.5M 사이즈의 액자에 '점핑 위드 러브전'에서 아이들과 손잡고 점핑한 문재인의 사진을 넣어 표구처리를 해서 청와대에 들어갔고 총장임명식 행사 직후 행사장 앞에 있던 인왕실에서 개최된 다과 시간을 이용해 그 액자를 김건희가 문대통령에게 직접 선물했다. 인왕실 다과회 참석자는 대통령과 윤석열 부부를 비롯해 노영민 비서실장과 조국 민정수석 등 수석비서관들과 20여 명이 참석했으며 그들이 보는앞에서 액자를 선물함)

(11) 당선인 시절 경찰견 안고 찍은 사진을 거론하며:

윤석열이 당선인 신분 시절인 2022년 4월 1일, 김건희가 자신의 아크로비스타 아파트 앞에서 자주색 후드티를 입고 경찰견을 끌어안은 모습을 최목사의 카톡으로 세 장을 보내왔는데 이때 김건희가 최목사에게 가장 먼저 최목사에게 보낸 것이라고 언급했다. 실제로 이 사진들이 언론에 최초 공개된 것은 그로부터 사흘 뒤인 4일, 조선일보와 연합뉴스 등을 통해서였다. 김건희와 대화하던 최목사가 그 사진에 대해 다시 언급하며 "수수한 옷차림 사진이 대중들에게 좋은 여파로 작용했나 봅니다. 그날 신었던 슬리퍼가 불티나게 팔려서 품절되고…"라고 하자. 김건희가 "이제는 취임식도 마쳤으니 제가 앞으로 공식적으로 활동할 때 입는 모든 의상은 제 돈으로 구입 할 거에요. 영수증과 구입내역도 다 근거 남길거구요."라고 답변함. 아마 문통이 퇴임 무렵에 발생한 김정숙 여사의 의상비 논란을 의식한 발언으로 보임.(김건

희와 최목사의 카톡대화 화면 캡쳐 폴더 참조할 것)

(12) 김건희 부모님이 서로 처음 만난게 된 이야기에 대하여:

김건희가 자신의 부모님 이야기를 하는 도중에 "저희 엄마와 아빠는 서울에서 양평 가는 버스정류장에서 (두 분이) 서로 처음 만난거에요. 그리고 양평읍내에 있는 서울약국 운영은 아버지가 뒷돈을 대고 직접 운영하셨어요. 약사는 작은 아버지 내외가 했고…"라고 언급함.

(13) 김건희와 윤석열이 거주하는 아파트의 실제 살림살이에 대하여:

최목사가 실제로 김건희의 살림살이 실태가 어떤지 궁금하여 질문하였음. "몸 상태가 그렇게 약해서 살림은 대체 누가해요? 유력 대선후보자들을 출연시켜서 연예인들이 진행하는 각 TV프로그램에 보면 윤대통령이 직접 요리하는 장면도 나오고 하던데요…?" 라고 하자 " 우리집에 오래전부터 밥하고 살림을 도와주는 이모님(가정부)이 계세요"라고 답변함.

(14) 김건희의 인사권에 개입 정황에 대하여:

1) 최목사와 대화하던 김건희가 누군가로부터 걸려온 핸드폰 전화를 받았다. 본의 아니게 통화내용을 들어보니 인사권에 직접 개입하는 듯 했다. "…(중략)…뭐라고? 그분을 금융위원으로 임명하라고? 알았어, 잠시만…"이라는 대화를 했고, 그 통화내용을 메모지에 적으려던 김건희가 자신이 앉은 자리에 펜과 메모지가 없으니까 정○○ 비서의 책상으로 이동해 전화 메모를 하

는 모습을 목격하게 되었다.

본의 아니게 이런 통화내용을 엿들은 최목사는 충격을 받았다. 때마침 그 시기가 취임 초기라서 정부 산하 기관의 주요 요직을 임명하던 시기였는데 이때 요직 후보자의 인사이동에도 김건희가 관여하고 있다는 강한 의구심이 들게 하는 정황이 포착되었기 때문이다. 영부인 신분의 김건희가 인사권에 개입하는 것은 물론 다양한 이권에도 개입할 수 있다고 유추할 수 있는 사안으로서 심각하게 받아들여졌다.

2) 그래서 최목사가 결심하기를 다음 기회에 영부인 김건희를 공식 접견할 기회가 주어진다면 몰래카메라나 녹음기를 활용해서라도 꼭 대화내용을 증거로 남겨야겠다는 결심을 하였음. 이후 다시 한번 접견일정이 잡히자 몰래카메라 장비구입 비용에 있어서 이명수 기자의 도움을 받아 실행에 옮기게 되었음. 또한 그날 서민들이 쉽게 사용할 수 없는 고가의 핸드백을 선물하여 영부인이 그 선물은 어떤 관점에서 수령하는지의 여부도 점검해보고자 했다.

※ 기타 대화 내용:
위의 1~14번 외에도 많은 대화를 나눴으나 워낙 두서없이 많은 대화를 주고받아서 잘 생각이 나지 않음.

(15) 김건희와의 기념촬영:
접견을 마치고 헤어지면서 최목사의 요청에 따라 서가(책꽂이)를 배경으로 기념촬영을 했음. 코바나컨텐츠 사무실에서 사용하는 전용카메라로 보였는데 정○○ 비서가 사진촬영을 했으나 최목사는 지금까지 사진을 받지 못했다. 며칠 후 사진을 보내달라고 김건희에게 요청했으나 김건희는 자신의 모습이 생얼이라서 그런지 사진공개를 꺼려하고 있음.

이 메모는 검찰에 증거로 제출됐다. 이날 최 목사가 충격을 받았던 부분은 두 가지다. 첫 번째는 스스럼 없이 선물을 받는 김건희의 행태였다. 김건희가 극구 사양하는 척하다 마지못해 받는 것처럼 행동할 줄 알았는데 당연한 듯 냉큼 받았기 때문이다. 그 자리에서 비서를 시켜 선물을 뜯어보기까지 했다. 나중에라도 되돌려줄 의사가 아예 없다는 행동이었다. 지시를 받은 비서도 아무런 거리낌이 없었다고 한다. 그 자리에 있는 누구도 이게 문제가 될 수도 있다는 생각을 하지 않는 것 같았다. 최 목사는 '이게 뭐지?' 싶었다고 한다.

충격을 받은 결정적인 이유는 김건희가 태연히 인사 청탁을 받는 모습이었다. 대화 중에 김건희는 전화를 한 통 받았는데, "누구요?" 하더니 뭔가를 종이에 적으면서 "금융위원이요? 금융위원으로 임명하라고요?"라고 말했다고 한다. 감추려는 생각도 없이 최 목사가 보는 앞에서 버젓이 이 같은 행동을 했다. 최 목사는 이 장면을 보고 몰카 촬영을 결심하게 됐다고 말했다. 명백한 인사 청탁이고, 국정농단이었다. 국민이 대통령으로 뽑은 건 김건희가 아니다. 김건희는 남편의 권력을 마치 자신의 것인 양 휘두르고 있었다. 코바나컨텐츠를

48

나오면서 그는 이 사건을 어떻게든 폭로해야겠다는 결심을 했다고
한다. 증거가 필요해졌다.

촬영에 성공하다

이야기를 전해 들은 이명수 기자 역시 앞으로는 어떤 식으로든
구체적인 근거를 남겨야 한다고 판단했다. 이때부터 둘은 본격적으로
'취재'에 착수한다. 일종의 함정취재가 시작된 것이다. 최재영 목사는
7월 23일 아크로비스타를 방문해 자신이 쓴 책 8권과 듀어스 위스키
한 병을 선물했다. 이 위스키의 값은 약 40만 원이다. 최 목사가 직접
마련했다.

선물한 책과 위스키 (2022.7.23)

이날 김건희를 만나지는 못했고 아크로비스타를 찾아가 경비에게 전달했다. 다음 날 김건희에게 잘 받았다는 메시지를 받았다. 김건희가 선물 받은 술을 어떻게 했는지는 알 수 없다. 하지만 책은 버렸고 이 사실은 나중에 밝혀졌다. 아크로비스타에 사는 한 주민이 재활용품을 수거장에 버려져 있던 한 무더기의 책을 주워 와 보관했다. 나중에 디올백 관련 보도를 보고 나서 주워 온 책 중에 최 목사의 책이 있었다는 사실을 알게 됐다. 그가 주워 온 책 표지 다음 장에 "윤 대통령, 김여사께 드립니다. 저자 최재영"이라는 자필 문구가 쓰여 있었다. 김건희가 이때 버린 책 중에는 전두환 회고록, 김영삼 회고록 등도 있었다. 대통령실은 윤석열 부부가 받은 선물을 모두 대통령기록물로 보관하고 있다고 발표했지만 새빨간 거짓말이라는 게 드러났다.

선물한 등과 술(2022.8.19)

8월 19일에도 최 목사는 아크로비스타를 방문해 선물을 전달한다. 이날은 선물을 경호팀에게 맡기고 왔다고 한다. 최 목사는 이날 몰카로 아크로비스타 현관의 검색대 등을 촬영했다. 일종의 연습이었던 것으로 보인다. 명품이 아닌 선물에 김건희는 별 관심이 없었다. 만나주지도 않았고 의례적인 답변이 전부였다. 김건희를 만나려면 명품이 필요했다.

2022년 9월 5일 이명수 기자는 명동 신세계백화점 본점을 찾았다. 무엇을 살지 결정을 한 것은 아니었다. 그런데 명품관에 들어가자마자 눈에 크리스찬 디올 매장이 눈에 띄었다고 한다. 그순간 김건희가 수차례 디올 제품을 착용하고 언론에 등장했던 사실이 떠올랐다고 한다. '아, 김건희가 디올 좋아하지!' 따지고 보면 이 기자는 샤넬 화장품을 살 때도 디올 매장에 들어갔을 때도 별생각이 없었던 셈이다.

제품을 고르면서도 별생각 없이 직원에게 물었다.

"김건희가 여기 자주 오나요?"

"네. 저희 매장 단골입니다."

바로 휴대전화의 녹음 기능을 켰다. 기자의 본능이었다. 직원은 김건희가 예전에는 자주 방문했지만, 영부인이 되고 나서는 사람들의 이목 때문에 직접 오지 않고 전화로 주문한다고 말했다. 이 기자는 모두 녹음했다. 이 기자의 취재 방식은 현장과 임기응변에 강하다. 사람에게 다가가고, 원하는 말을 끌어내고, 그때그때 상황에 맞춰 적절하게 대응하는 능력은 타의 추종을 불허한다. 내가 이명수 기자를 높이 평가하는 이유다.

이 기자는 직원과 대화를 이어가면서 300만 원짜리 '디올 여성 송아지 가죽 파우치' 클라우드 블루 색상을 구매했다. 제품 구매 과정부터 영수증까지 꼼꼼하게 촬영했다. 이렇게 구매한 디올백을 최재영 목사에게 전달했다. 또 카메라가 내장된 전자손목시계도 인터넷에서 구입해 최 목사에게 줬다. 최 목사는 지난번과 마찬가지로 카카오톡으로 제품을 사진 찍어 보냈다. 한 가지 달라진 건 이번엔 비서에게 연락이 왔다는 것이다.

2022년 9월 13일, 최재영 목사와 김건희의 두 번째 만남이 이루어졌다. 이번엔 만남부터 헤어질 때까지의 모든 과정을 영상으로 담았다. 총 40여 분의 영상 중 김건희는 29분간 등장한다. 대한민국을 뒤흔들고, 뉴욕타임스를 비롯한 전세계 유수의 외신들이 1면에 보도했으며, 어떠한 일이 있어도 국민에게 고개 숙이지 않던 윤석열 대통령이 처음으로 사과라는 워딩을 쓰게 만든(다만 그는 '사과 드린다'가 아니라 '사과를 드리고 있다'라고 말했다), 초유의 사건은 이렇게 시작됐다.

철저한 계획이라고 하기엔 즉흥적이고 또 허술한 면도 있었다. 그때그때 즉흥적으로 선물을 고르고 인터넷에서 싸구려 손목시계 몰카를 사는 과정을 보면 그런 생각이 든다. 그럼에도 이런 일이 가능했던 이유는 윤석열과 김건희를 둘러싼 시스템이 훨씬 더 허술했기 때문이다. 최 목사의 말처럼 아무것도 받지 않았다면 아무 일도 일어나지 않았다.

2022년 9월 7일 수요일 >

Jae Y. Choi

DIOR

오후 5:19

Jae Y. Choi

여사님.
추석인사 드리려 가려는데
언제가 좋을까요?

맘에 드실지모르지만 핸드백
하나 장만했어용

오후 5:21

← 유███

🔍 ☰

2022년 9월 12일 월요일 >

유███
목사님 안녕하세요~~
오후 4:44

안녕하세요 유비서님
오후 4:45

유███
여사님께서 잠깐 뵐 수 있는
시간은 내보시겠다고
하셔서요~

언제쯤 방문 예정이실까요?

주초에 오신다고
하셨어서요~
오후 4:45

유███
요일은 화~수요일 오후면
좋을 것 같은데요~
오후 4:46

김건희에게 명품백 사진을 보내자 5일 뒤 비서에게 온 연락(2022.9.7)

3

미국 서부, 취재의 서막을 열다

특종을 만나다

2022년 9월 중순경. 늦은 밤 이명수 기자에게 전화가 왔다.

"장 기자님 김건희 여사 몰카로 촬영했어요. 자기가 대통령이라고 그리고 명품백도 받고 다 찍혔어요. 대박입니다."

처음엔 무슨 말인지 이해하지 못했다. 흥분한 이 기자를 진정시키며 찬찬히 설명을 듣고 나서도 잘 믿기지 않았다. 하지만 그는 없는 얘기를 지어내거나 부풀리는 사람이 아니었다. 딱 있는 그대로만큼만 말하는 사람이었다.

"장 기자님, 이거 MBC에서 보도할 수 있죠?"

"당연하죠. 영상만 주세요."

당시에는 몰랐다. 이 약속을 지키려다 1년 2개월 뒤 사표를 내게 될 줄….

이명수 기자가 자리를 만들어준 덕택에 10월에 최재영 목사를 처음 만났다. 최 목사도 별다른 거부감 없이 사건의 내용을 술술 이야기했다. 이전에 보도했던 검언유착 의혹, 7시간 녹취록 보도 등에 대해 잘 알고 있어 따로 나를 검증할 필요가 없다고 판단했던 것 같다. 다행스럽게도 이 기자와 김건희의 7시간 녹취록 보도를 망친 것에 대해 이 기자도 최 목사도 크게 신경 쓰지 않았다. 오히려 나를 위로하고 굳건한 신뢰를 보내줬다. 디올백 보도로 7시간 녹취록 보도 실패를 만회하고 싶다는 생각이 간절했다.

7시간 녹취록 보도는 유력 대선 후보 아내의 녹취록이었다. 하지만 이번엔 영부인의 비위가 담긴 영상이었다. 파장이 어마어마할 것이라는 건 불 보듯 뻔했다. 최 목사의 설명을 들으면서 특종이라는 확신을 굳혔다. 그리고 영상이 나에게 오기를 기대하며 천천히 기다리기로 했다. 이 기자와 최 목사의 입장에서 보면 아직 취재가 끝난 것이 아니었다. 김건희를 더 만날 수도 있고, 또 다른 명품 선물을 할 수도 있었다. 7시간 녹취록 보도 실패에도 불구하고 이 기자는 내게 더 큰 신뢰를 보냈다. 이 때문에 몰카 영상이 나에게 올 가능성이 컸다. 이 기자는 이 사실을 보다 많은 사람들이 알 수 있도록 무조건 MBC에서 보도해야 한다고 생각했다.

이후로 가끔식 이 기자, 최 목사와 함께 어울렸다. 영상을 달라는 말은 가급적 꺼내지 않았다. 촬영 당사자인 최 목사의 결심이 중요했다. 강요하거나 밀어붙인다고 될 일이 아니었다. 이 때문에 주로 최 목사와 친분을 쌓고, 그의 생각을 들으며, 디올백 수수 사건과 관련 된 상황을 파악하는 데 신경을 썼다. 7시간 녹취록 보도 당시에도 겪 었지만, 보수정당이나 검찰을 공격하는 보도는 반드시 강력한 역공 에 직면하게 된다. 이때 제일 중요한 건 보도한 취재기자와 제보자 간 의 신뢰다. 불신이 싹트고 틈이 생기면 저들은 늘 기가 막히게 그 틈 을 찾아내 공격한다. 이 때문에 보도 이후 좋건 싫건 몇 년 동안은 서 로 한 팀으로 움직여야 한다. 설사 생각이 다르고 서로 마음이 안 드 는 부분이 있어도 밖으로 드러내면 안 된다.

이 기자와는 이미 신뢰가 쌓여 있었다. 최 목사와도 이 같은 신 뢰가 필요했다. 지름길은 없다. 서로의 생각을 나누고 생각이 일치하 는 부분은 같이 가고 다른 부분은 조정해야 한다. 최 목사가 쓴 책을 읽고, 강연에 찾아가고, 함께 맛있는 음식을 먹으러 다니기도 했다.

이 보도는 대한민국 권력 서열 0순위인 김건희를 정조준하고 있 었다. 팩트만 보도해도 저쪽은 우리를 압수수색하고, 검찰 소환하고, 조·중·동이 달라붙어 융단폭격을 가하는 등 할 수 있는 모든 방법을 동원해 공격해 올 것이 뻔했다. 겁이 날 법도 한데 솔직히 두려운 마 음은 없었다. 이런 깡은 그냥 타고난 거 같다. 그렇다고 무서운 게 아 예 없는 건 아니다. 팩트가 틀리면 모든 게 끝이다. 보도의 칼끝이 겨 눈 상대방이 강할수록 더 그렇다. 가장 중요한 건 취재기자가 모든 상 황을 꼼꼼히 취재해 다 알고 있어야 한다는 것이다. 그래야 무슨 일이 벌어지든 상황을 컨트롤할 수 있다. 기잔데 하루라도 빨리 특종을 하고 싶은 마음이 왜 없었겠나. 최 목사의 결심, 꼼꼼한 취재가 우선이었다. 무엇보다 최 목사가 김건희를 더 만날 가능성도 있었다. 서두를 일이 아니었다.

미국 서부 여행… 처음으로 영상을 보다

타임라인을 정리해보자. 2022년 9월 13일에 디올백을 선물하는 장면을 촬영했고, 며칠 뒤 이명수 기자에게 전화를 받았다. 10월에 최재영 목사를 만났다. 이후 12월까지는 이명수-최재영-장인수 셋이 몇 차례 어울렸다. 그사이에 최 목사는 김건희에게 만나자는 제안을 했지만 성사되지는 않았다.

이 시기 최 목사는 일반 의류를 구입해 김건희에게 카톡으로 사진을 보낸다. 하지만 김건희는 아무런 답도 하지 않았다. 흔한 말로 읽씹을 당한 것이다. 명품 선물 사진을 찍어 보냈을 때와는 확연히 다른 반응이었다. 최 목사는 결국 이 의류들을 인터넷 중고거래 사이트에서 처분했다. 명품이나 메이커가 아닌 옷을 사서 선물하겠다고 제안한 건 최 목사가 독자적으로 판단해 벌인 일이었다. 이명수 기자도 나중에 알았다고 한다. 최 목사는 이 기자의 도움 없이 독립적으로 김건희에게 선물하고 취재하려는 마음이 있었던 것 같다. 후에 인터뷰에서 최 목사는 "김건희가 일반 의류를 입고 친서민적 행보를 하는

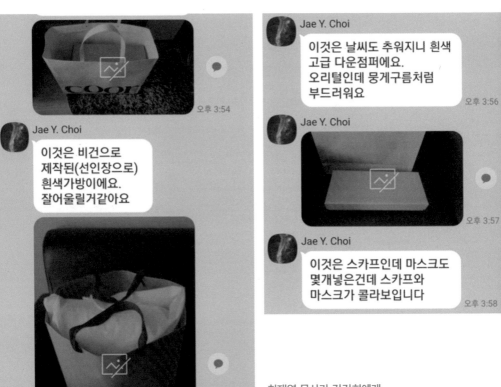

Jae Y. Choi

이것은 날씨도 추워지니 흰색
고급 다운점퍼에요.
오리털인데 뭉게구름처럼
부드러워요

오후 3:56

Jae Y. Choi

이것은 비건으로
제작된(선인장으로)
흰색가방이에요.
잘어울릴거같아요

오후 3:54

Jae Y. Choi

오후 3:57

Jae Y. Choi

이것은 스카프인데 마스크도
몇개넣은건데 스카프와
마스크가 콜라보입니다

오후 3:58

최재영 목사가 김건희에게
보낸 선물 사진들(2022.10.18)

사진을 보고는 자신이 선물한 의류를 입고 나왔으면 좋겠다는 생각에서 선물을 제안한 것"이라고 말했다. 서민 코스프레는 했지만 서민들 물건을 선물로 받고 싶지는 않았을 것이다.

최 목사는 12월 미국으로 출국했다. 출국 전 그는 이명수 기자와 내게 LA에 한번 놀러 오라고 제안했다. 좋다고 답했다. 미국엔 가본 적도 없거니와 미국에서 만나 최 목사와 친분을 쌓는 것도 괜찮을 것 같다고 생각했다. 최 목사가 우리를 허물없이 대하는 것도 반가웠고 최 목사가 들려주는 방북기는 꽤 흥미로웠다. 2005년 기자가 되고 처음 나간 출입처가 통일부였다. 당시 취재차 가본 북한은 금강산과 개성 딱 두 곳이었다. 평양은 한번도 못 가봤는데 최 목사는 수차례 북한을 방문해 이곳저곳을 돌아다녔다. 재미교포의 북한 방문기와 에피소드들은 내 호기심을 자극하기에 충분했다. 최 목사는 재담꾼이기도 했다.

최 목사가 미국에 가면서 취재는 잠정 중단됐다. 당시 육아휴직 기간이라 돈은 빠듯해도 시간은 많았다. 해가 바뀌어 2023년 2월 중순, 이명수 기자에게 전화가 왔다.

"목사님이 미국에 한번 들어오라고 합니다. 제보를 결심하신 것 같습니다."

뜻하지 않은 반가운 소식이었다. 최 목사에게 텔레그램으로 의사를 물어봤다. 목사님은 "제보를 하게 되면 어떤 식으로 방송을 할 계획인지 얘기를 들어보고 싶다"고 했다. 당장 영상을 준다는 건 아니었지만 제보를 하면 나에게 할 거라는 얘기였다. 이것만 해도 큰 진전이었다.

미국 LA에 아침에 도착했다. 낮에는 쉬었고 저녁에는 최 목사가 LA 교민들을 상대로 한 북한 관련 강연을 들었다. 보수진영에서 많이 싫어할 만한 내용이었다. 다음 날은 감사하게도 최 목사의 가이드를 받으며 LA 시내 투어를 했다. 호텔에서 하루를 더 묵고 다음 날 아침 일찍 체크아웃을 하고 짐을 최 목사 집에 맡겼다.

서부 캐니언 투어 길에 올랐다. 라스베가스에 도착해 시내 관광을 한 뒤 하룻밤을 묵은 뒤 투어 둘째 날은 자이언 캐니언과 브라이스 캐니언을 둘러봤다. 장관이었다. 셋째 날 오전에 방문한 엔텔로프 캐

페퍼다인 대학의 한 벤치에서(2023.2.26)

니언은 신비롭고 아름다웠다. 미국의 광활한 대지와 자연이 주는 여유로움은 마냥 부러웠다. 좁은 데다 뭐 하나 제대로 나는 게 없어 치열하게 빠르게 살아야만 하는 한국의 현실이 서글펐다.

대망의 그랜드 캐니언만 남은 상황. 그런데 차에 올라탔더니 가이드들의 표정이 어두웠다. 어디론가 계속해서 전화를 하더니 청천벽력 같은 소식을 전했다.

"눈보라가 심해서 그랜드 캐니언으로 들어가는 도로가 통제됐다고 합니다. 투어가 불가능합니다"

아니 여긴 이렇게나 쨍한데…. 평생 한 번 볼 기회가 있을까 싶었던 그랜드 캐니언 투어는 차로 불과 3시간 거리를 남겨두고 좌절됐

이명수 기자와 나

다. (웃긴 건 미국에 며칠 안 있었는데도 차로 3시간 거리가 코앞인 것처럼 느껴졌다.) 그래도 괜찮았다. 이미 본 캐니언들도 감동적이었다. 더군다나 여행하러 온 게 아니지 않은가.

3박 4일을 최 목사와 함께하면서 많은 이야기를 나눌 수 있었다. 그리고 몇 가지 결론을 내렸다. "제보한다." "보도는 '장인수가 한다.'" "보도 이후에도 셋은 함께한다." 제보 시점은 최 목사에게 맡기기로 했다.

이때가 2월 말 3월 초였다. 최 목사는 어차피 3월에 한국에 들어올 예정이었기 때문에 굳이 LA까지 가서 목사님을 만나야 할 이유는 없었다. 그런데도 최 목사는 불렀고 우리는 응했다. 지금 생각하면 일종의 도원결의 같다. 투어를 마치고 LA에서 마지막 밤은 최 목사 집에서 보냈다. 늦은 밤 목사님은 영상의 캡처 사진들을 보여주었다.

사진에 드러난 상황과 김건희의 모습들은 이미 들었던 그대로였다. 더한 것도 뺀 것도 없었다. 상황을 객관적으로 보는 제보자는 드물다. 하지만 최 목사가 그런 제보자였다. 그리고 최종적으로 확인했다. '특종이 확실하다!'

당시 이 기자와 최 목사의 생각은 확고했다. '이 정권은 안 된다. 탄핵시켜야 한다.' 디올백 수수 사건은 특종임에는 틀림없지만 국정농단 사건은 아니다. 이 보도만으로 윤석열을 끌어내리기는 어려웠다. 그러니 여유를 갖고 다른 사건들도 취재해서 같이 보도하자고 결론을 내렸다. 또 최 목사와 김건희의 관계도 끝난 게 아니었으니 둘 사이에 어떤 사건이 더 벌어질지 알 수 없었다.

기자는 정치적 목적을 위해 보도하지 않는다. 보도가치가 있으면 보도하는 것일 뿐이다. 탄핵을 위해 보도를 하는 건 아니지만 보도의 결과로 탄핵이 된다면 그건 기자가 이룰 수 있는 최고의 영예인 건 맞다. 워터게이트 사건처럼.

4

일본 후쿠시마, 영상을 입수하다

5월까지는 각자 취재를 이어갔다. 최재영 목사는 한남동 관저 관련 의혹을 파헤치기 위해 천공을 네 차례 만났다. 나는 나대로 이런저런 제보를 바탕으로 기사가 될 만한 사건을 취재했지만 구체적인 성과는 없었다.

6월에 접어들면서 분위기가 조금씩 바뀌기 시작했다. 나와 이 기자는 슬슬 보도를 할 때가 되지 않았냐고 생각했지만, 최 목사는 조금 더 기다려 보자는 입장이었다. 기자와 제보자의 관계는 갑과 을에 가깝다. 제보자가 갑자기 마음을 바꿀 수도 있고 제보를 철회할 수도 있다. 그러니 의기투합하고 서로의 의지를 확인했다 하더라도 영상이 아직 손에 들어오지 않았다면 기자 입장에선 아무것도 아니다.

6월 들어 조급해진 이유는 또 있었다. MBC와 KBS 사장을 바꾸려는 윤석열 정권의 작업이 본격적으로 시작됐다. 보수정권 입장에선 MBC, KBS만 장악하면 언론을 완벽하게 통제할 수 있었다. 다른 언론들은 알아서 윤 정권에 충성하거나 별 영향력이 없었다. 감사원은 2023년 3월 MBC의 대주주인 방송문화진흥회 감사에 착수했다. 2023년 8월 감사원은 감사를 끝내지도 못했는데 감사자료를 검찰에 보냈고 방송통신위원회는 권태선 방송문화진흥회 이사장을 해임 결정했다. 모두 MBC 사장 교체를 위한 노골적인 탄압이었다.

MBC 안에서는 10월쯤 사장이 바뀔 거라는 분위기가 팽배했다. 나중의 일이지만 결국 KBS는 2023년 11월 김의철 사장이 해임되고 박민 사장이 새롭게 취임했다. 이후 KBS가 어떻게 되었는지 모두가 알고 있다. MBC는 KBS보단 운이 좋았다. 권태선 방문진 이사장의 해임을 효력 정지해 달라고 낸 가처분 신청을 법원이 받아들였다. 정권의 MBC 사장 교체 시동에 일단 제동이 걸리게 됐고 안형준 사장은 직을 유지한다. 이렇게 되리라는 걸 아직 몰랐던 6월, MBC 안에는 공포가 싹트기 시작했다. 김재철·김장겸 같은 사람이 사장으로 올 게 뻔해 보였다. 사장이 바뀌면 디올백 보도는 불가능해진다. 보도는 커녕 검언유착 의혹과 김건희 7시간 녹취록 보도에 대한 책임을 물어 나를 징계할 가능성이 높았다. 이명박·박근혜 시절의 MBC를 생각하면 해고까지도 각오해야 했다. 운이 좋아 징계를 피해 간다고 해도 더 이상 보도국 기자가 아닌 다른 곳으로 발령날 게 확실했다. 사장이 바뀌기 전에 무조건 디올백 보도를 해야 했다.

다른 문제도 있었다. 보도가 늦춰지면 늦춰질수록 불필요한 오해를 불러올 수 있었다. 최 목사가 김건희에게 디올백을 준 게 2022년 9월이었다. 이때부터 6개월 정도는 보도를 하지 않더라도 크게 이상해 보일 것이 없었다. 추가 선물을 하거나 취재를 위한 시간이 필요했다고 설명하면 된다. 하지만 사건이 일어난 지 1년이 다 되가도록 보도를 안 하면 불필요한 의심을 살 수 있다. 이를테면 '영상을 미끼로 김건희와 거래하려다 안 되니까 뒤늦게 폭로하는 거 아냐?'라든가 '야당에 유리하도록 총선 앞두고 터뜨리는 거 아냐?' 같은 것들이다. 보도하는 기자 입장에선 이런 억측이 제기되는 건 반갑지 않다. 가급적이면 쓸데없는 논란은 피하고 시청자들이 사건의 본질에만 집중할 수 있도록 보도하고 싶었다. 그러려면 더 늦으면 곤란했다.

하지만 최재영 목사는 7월이 되어도 영상을 주지 않았다. 우리 사이에 조금씩 균열이 생기기 시작했다. 이 기자와 함께 여러차례 최 목사를 설득했지만 소용없었다. 8월이 되도 최 목사는 상황을 조금 더 보자면서 계속해서 제보를 미뤘다. 애타는 시간만 흘러갔다.

해야 할 때가 됐는데 계속 미루자고만 하니 '이분이 할 생각이 없나?' 싶은 생각이 들었다. 만약 최 목사가 '실은 제보하는 게 두렵다'거나 '후일이 걱정된다'고 했으면 이해라도 했을 것이다. 그런데 최 목사는 '아직 때가 아니다', 'MBC 사장 바뀌는 건 크게 중요치 않다'라는 이해할 수 없는 말을 했다.

마침 양평고속도로 노선이 김건희 일가 땅으로 지나가도록 변경

된 사건이 터졌다. 디올백 사건을 보도하기에 더없이 좋은 상황이 됐다. 결국 최 목사에게 최후통첩을 했다.

"목사님 이제 보도해야 합니다. MBC 사장이 바뀌면 저는 비보도 부서로 발령 나거나, 해고당할 수도 있습니다. 하려면 무조건 그전에 해야 합니다. 만약 계속 제보를 미룬다면 그냥 영상 없이 그동안 저희가 파악한 내용 가지고 보도하겠습니다."

정말로 영상 없이 보도할 생각은 아니었다. 일종의 블러핑이었다. 물론 하려고 마음먹으면 못 할 것도 없었다. 우선 김건희가 샤넬 화장품과 디올백을 받은 게 팩트로 확인된 만큼 그 자체만으로 보도 가치가 있었다. 그리고 이명수 기자가 선물을 구입하면서 촬영한 사진들이 있으니 나름대로 증거도 있었다. 하지만 영상 없이 보도할 경우 파급력은 크게 떨어질 게 분명했다. 최재영 목사도 문제가 된다. 제보를 안 하고 끝까지 증거를 가지고 있으면 최 목사는 명품을 선물하면서 사적 청탁을 한 사람이 된다. 최 목사도 고발 대상이 되는 것이다.

최재영 목사는 영상을 안 주며 고집을 부리고, 이명수 기자는 최 목사가 이럴 수 있냐며 분통을 터뜨렸다. 서울의소리 백은종 대표까지 나서 최 목사를 설득하기 시작했다. 당시 외교부 출입기자였지만 외교부 일정에 큰 관심이 없었다. 머릿속은 디올백 사건으로 가득했다.

이런 와중에 일본 정부가 후쿠시마 오염수를 배출하기로 결정한 날이 다가왔다. 후쿠시마 오염수 방류 현장에 취재기자로 출장을 가

게 됐다. 출장을 위해 인천공항으로 가는 도중 이명수 기자에게 전화
가 왔다. "영상 받았습니다."

그때의 심정을 어떻게 말할 수 있을까? 10개월 이상 공들인 취
재가 결실을 맺는 순간이었다. 일본으로 향하는 마음이 묘했다. 대놓
고 핵오염수를 바다에 버린다는 일본의 처사에 어이가 없고 분통이
터지기도 했다. 그런데 이명수 기자의 전화를 받고 후쿠시마로 향하
는 내내 설레지 않을 수 없었다. 빨리 후쿠시마 취재를 마치고 복귀해
디올백 보도를 준비할 생각을 하며 비행기에 올랐다.

5

배트남 푸꾸옥, 퇴사를 결심하다

나의 입장과 회사의 입장

8월의 후쿠시마는 많이 더웠다. 일행들 앞에서 내색은 안 했지만 후쿠시마에서 밥을 먹는 것도 꺼림칙했다. 아침 6시 현장 중계차 연결을 위해 새벽 4시에 일어나 밤 9시가 되야 일을 마칠 수 있었다. 강행군이었지만 괜찮았다. 디올백 보도가 기다리고 있었으니까. 4박 5일의 후쿠시마 취재를 마치고 한국에 들어오자마자 이명수 기자에게 연락했다.

"저 한국 도착했습니다."

"영상 언제 받으실래요?"

"오늘 어떠세요?"

집에 들러 짐만 풀어 놓은 다음 바로 서울의소리 사무실로 갔다.

이명수 기자에게 원본 영상이 담긴 USB를 받았다. 여기에는 최재영 목사가 디올백을 선물하면서 촬영한 영상, 최 목사가 선물한 책과 위스키, 실내등의 사진 등이 포함돼 있었다. 최 목사와 김건희의 카카오톡 대화 전체 내용, 보안검색대를 촬영한 영상 등은 나중에 받기로 했다. 이제 준비해서 보도하면 된다.

일주일간 관련 자료를 꼼꼼히 살펴봤다. 포렌식은 필요 없어 보였다. 촬영영상에는 촬영일시가 기록되고 있었다. 영상은 단 한번도 끊기지 않고 이어졌다. 조작이나 편집의 가능성은 없었다. 이젠 회사에 보고하고 본격적으로 취재와 제작에 들어갈 때가 됐다.

LA에 다녀오고 나서인 2023년 4월 보도국장에게 디올백 관련 내용을 간단하게 보고한 적이 있다. 당시 국장은 영상을 구하면 다시 얘기하자고 했었다. 2023년 9월 초 보도국장에게 다시 관련 내용을 보고했다. 이날 회의에는 보도국장, 취재센터장(부국장)만 참석했다. 살짝 긴장됐다. '영상을 입수했고 영상에는 영부인인 김건희가 디올백을 수수하고 스스럼 없이 자신을 대통령으로 칭하고 있는 모습이 담겼다'고 보고했다. 보고를 마친 순간 깨달았다. '나 혼자만 신났던 거구나' 국장의 표정이 좋지 않았다. 함정취재라는 게 문제가 됐다. 최재영 목사의 의도에 대해서도 의구심을 나타냈다. 선물을 하고 이를 촬영해 김건희를 협박하려다 잘 안되니까 제보한 것 아니냐는 반응이 나왔다. 그런 의도였다면 처음부터 이명수 기자와 함께 일을 벌이지 않았을 것이라고 설명했다. 하지만 이 이상한 사건과 특이한 방식의 취재를 쉽게 이해하지 못했다.

국장은 '할 수 있겠냐?, MBC가 보도하는 게 맞냐?'는 의견을 냈다. 부국장은 '해볼 수 있지 않겠냐?'는 입장이었다. 그 자리에서 가부가 확정되지는 않았다. 추가 취재를 더 하라는 쪽으로 이야기가 정리되었다. 결론은 최재영 목사의 의도를 좀 더 꼼꼼히 취재해보고, 아직 다 확보하지 못한 카카오톡 내용을 확인하고 다시 얘기하자는 것이었다.

국장실을 나오면서 MBC에서 이 보도를 하기 어렵다는 걸 깨달았다. 특종이라고만 생각했지 보도의 위험성을 크게 생각하지 않았다. 영부인의 비위가 담긴 영상의 파괴력 앞에서 취재윤리 문제는 사소해 보였다. 시청자들 역시 나처럼 생각할 것이라고 확신했다. 하지만 국장의 생각은 달랐다. 보도가 가져올 후폭풍, 취재윤리 위반 논란을 먼저 생각하는 듯 보였다. 최 목사와 이 기자가 뭔가를 숨기고 있을지도 모른다는 걱정도 했다.

제보자가 이명수 기자라는 것도 문제가 됐다. MBC는 7시간 녹취록 보도를 제대로 하지 못해 큰 비판과 비난을 받았었다. 보도를 제대로 못했으니 당연한 결과였다. 좋지 않은 기억으로 자리잡은 이명수-장인수 콤비가 다시 뭉쳐 보도를 한다는 것도 반갑지 않은 일이었다. 특종에 대한 기대보다는 7시간 녹취록 보도의 트라우마가 먼저 떠오른 것 같았다. 이해되는 부분도 있었다. 국장은 조직과 조직원을 보호하고 책임져야 하는 입장이니 신중해질 필요가 있다.

발제할 때 성급했던 것도 실책이었다. 이 사건에 10개월간 매달렸던 만큼 많은 검증을 했고 최재영 목사와 이명수 기자의 의도를 잘 이해하고 있었다. 하지만 처음 듣는 사람에겐 디올백 수수 사건은 잘 이해되지 않는 기괴한 사건이었다. 특종이라는 기대감에 들떠 차분하게 설명하지 못한 것은 아닐까, 중간중간 취재 과정을 보고했어야 하는 건 아닐까라는 후회가 들었다.

이 사건을 MBC에서 보도하지 못할 거라고는 한순간도 의심하지 않았다. 첫 보고 후 천당에서 지옥으로 추락하는 기분이었다. 추가 취재라고 해 봐야 크게 진전될 건 없었다. 카톡 내용 등 나머지 자료들을 받았고 최재영 목사의 1차 인터뷰를 마쳤다.

9월 중순 열린 2차 회의. 다시 국장, 부국장과 국장실에 모였다. 비슷한 얘기가 오갔고 달라진 건 없었다. 국장은 MBC에서 보도하지 말자고 결론내렸다. 눈앞이 캄캄했다.

시점도 좋지 않았다. 2023년 5월 MBC 임현주 기자가 압수수색을 당했다. 한동훈 당시 법무부 장관 후보 인사청문회 관련 자료를 모 기자로부터 받아서 다른 기자에게 전달했다는 이유였다. 9월에는 김만배 기자와 신학림 전 언론노조위원장의 금품 수수 관련 사건이 터졌다. 검찰은 김만배와 신학림은 물론 김만배 인터뷰 내용을 보도한 뉴스타파까지 압수수색했다. 취재윤리에 대한 비판의 목소리가 그 어느 때보다 높아진 상황이었다. 이런 엄혹한 와중에 디올백 보도를 한다? 어찌 보면 보도하지 못할 이유는 차고 넘쳤다.

'팩트면 보도한다.' 수습기자가 됐을 때 처음 배웠던 말이다. 디올백 사건을 취재하면서 이 하나의 생각뿐이었다. 하지만 조직을 관리하는 사람들 입장은 다를 수 있다는 걸 몰랐다. MBC가 망가지지 않게 잘 유지하는 것이 때론 '사실 전달'보다 중요할 수 있었다.

지금까지 얼마나 많이 최 목사에게 영상을 제보하라고 압박했던가. 영상만 주면 특종은 따놓은 당상처럼 큰소리 쳐놓고 이게 무슨 꼴인가.

"MBC 아니면 어디서 보도하시게요? MBC에 제보하실 거면 저한테 하셔야죠? 저 말고 누가 더 잘할 수 있는데요? 영상만 주세요. 제가 아작을 낼게요."

반쯤은 제보받기 위한 허세였고 반쯤은 진심이었다. 그런데 이제 와서 "회사에서 하지 말래요. 전 못 해요." 이 얘기를 어떻게 하나. 고민 끝에 최 목사에게는 일단 이 상황을 얘기하지 않기로 했다. 그리고 이 기자에게는 사실대로 털어놓았다. 처음 이 기자에게 이 사건에 대해 들었을 때 한 약속이 있었다.

"장 기자님 이번엔 제대로 하실 수 있죠?"

"네, 할 수 있습니다. 똑같은 실수를 두 번 반복하지 않습니다."

이명수 기자는 이 약속을 믿고 MBC에 제보하기 위해 모든 노력을 다 했다. 그러니 이제는 내가 약속을 지킬 차례였다. 또 하나, 이 사건은 어떤 식으로든 보도해야 한다. 서울의소리에서 하든, 혹은 다른 곳으로 보내든 결코 묻혀선 안 될 사건이었다. 이 기자는 보도에 있어서만큼은 전적으로 나를 신뢰했다. 그러니 내가 보도를 하게 될지는 몰라도 직접 검증하고 인터뷰하고 취재하고 기사를 쓰면서 준비해야 했다.

어떻게 할지 결정된 건 없는 채로 시간만 흘러갔다. 일단 보도를 준비하면서 MBC를 다시 한번 설득해보자고 이명수 기자에게 얘기했다. 10월이 됐다. 미리 신청해두었던 한 달짜리 휴가에 들어갔다. 앞에서 이야기했지만 8~9월 무렵에는 다들 MBC 사장이 바뀔 거라고 예상하고 있었다. 사장이 바뀔 경우 MBC는 대대적인 물갈이에 들어갈 게 뻔했다. 김재철 같은 사람이 와서 MBC를 망가뜨리는 걸 누가 보고 싶겠나. '더러운 꼴 보기 싫은데 그 기간에 휴가나 가자.' 다들 이런 마음이었다. 그래서 많은 MBC 기자들, 사원들이 10월 이후에 휴가를 신청해 놓은 상황이었다.

원래 계획대로라면 10월 전에는 디올백 보도를 끝냈어야 했다. 큰 보도 끝내고 홀가분하게 휴가 다녀와서 바뀐 사장이 징계를 때리면 맞고, 자르면 관두지 뭐 그런 생각이었다. 그런데 어디서 어떻게 보도할지 아무것도 정해지지 않은 상황이었다. 머릿속이 복잡했다.

푸꾸옥에서 기사를 완성하다

가족들과 함께 베트남 푸꾸옥에 갔다. 하지만 마음속엔 디올백 생각밖에 없었다. 계획대로라면 리조트에서 마음 편히 느긋하게 시간을 보내면서 간간이 디올백 보도 이후의 반응이나 확인하고 있을 터였다. 그랬으면 좋았을 텐데···. 낮에는 아이들과 놀아주고 밤에는 관련 기사를 썼다. 휴가 와서도 바빴다.

결국 푸꾸옥에서 디올백 관련 리포트 기사 11개를 완성했다. 언제든 어떤 채널에서든 방송을 하려면 일단 기사가 있어야 한다. 할 수 있는 나름대로의 준비를 끝낸 것이다. 이제는 결심을 해야 했다. 회사를 그만둘 것인가, 회사를 다시 한번 설득해 볼 것인가. 설득하는 건 쉽지 않아 보였다. 위에서 결정한 일을 아래에서 뒤집으려고 하는 건 한국 조직문화에서 불가능에 가깝다. 설사 어찌어찌해서 뒤집었다고 해도 반드시 만만찮은 부작용이 뒤따른다.

'국장에게 인간적으로 읍소하면 2꼭지 정도는 보도할 수 있지 않을까?' '사표 쓰고 나가서 보도하겠다고 압박해볼까?' 쉽게 마음이 정리되지 않았다. 이리저리 머리를 굴려봐도 MBC에서 할 수 있는 최대치는 관련 리포트 1~2개 정도였다. 괴로웠다. 설령 윗사람들을 설득해서 고작 한두 꼭지 나간들 그게 무슨 의미가 있을까 싶었다. '디올백 보도가 한두 꼭지 보도로 끝내야 할 사안인가?' 이런 특종을 취재해놓고도 윗사람들한테 보도할 수 있게 해달라고 빌어야 하나?' 회의감이 물밀 듯이 몰려왔다. 이 보도는 그 의미를 온전히 담아내려면 분량이 확보되어야 했다.

최 목사는 어떻게 김건희를 만나게 됐는지, 카톡엔 무슨 대화가 있었는지, 이 기자는 왜 관여를 하게 됐는지 어느 부분이 취재윤리 위반 소지가 있는지 이런 내용을 제대로 설명하지 않고 넘어가면 오히려 거꾸로 취재윤리 위반으로 더 세게 비판을 받을 수 있었다. 논란의 여지가 있지만 그럼에도 보도해야만 하는 이유를 제대로 설명하지 못하면 논란만 가중된다.

7시간 녹취록 보도가 그랬다. 비겁한 방송, 안 하니만 못 한 방송이었다. 보도를 안 하자니 안 했다고 욕먹을 거 같고, 제대로 보도하자니 권력자가 무섭고. 그래서 하긴 하는데 최대한 조용히 티 안 나게 보도하려 했던 게 7시간 녹취록 보도였다. 책임지는 자리에 있던 사람들이 책임지기 싫어서 이상하게 썼던 기사. 7시간 녹취록 보도가 그렇게 속절없이 망가지는 걸 가슴이 찢어지는 심정으로 지켜봤다. 이제 디올백 보도가 또 그렇게 될 수 있다고 생각하니 내 직업에 대한 회의가 밀려왔다.

이명수 기자는 이 보도를 지상파 방송에서 해야 한다는 생각이 확고했다. 개인적인 이해득실은 따지지 않고 공익적인 가치만 추구했기 때문이다. 만약 서울의소리에서 보도한다면 엄청난 후원과 슈퍼챗을 받을 게 불 보듯 뻔했다. 이 기자의 인지도도 한순간에 올라갈 것이었다.

하지만 이 기자는 그런 욕심에 연연하는 사람이 아니었다. 그는 상황을 크게 볼 줄 알았다. 서울의소리에서 보도하면 이른바 진보 진영 사람들만 보게 될 것이고, 파급력에도 한계가 있다고 보았다. 정파성이 강한 채널이라 보도의 신뢰성에서도 도움되지 않는다고 판단했다. MBC가 김건희 7시간 녹취록 보도를 말아먹긴 했지만, 그래도 MBC가 보도한다고 하니까 보도 직전 정국이 요동치고 세상이 들썩거린 거라고 이 기자는 판단했다. 서울의소리에서 보도한다고 했으면 그렇게까지 주목받지 못했을 거라고 봤다. 다른 유튜버라면 이런 결정을 하지 못했을 것이다. 대게 자신과 자신의 채널을 알리는 게 우선이었다. 이 기자는 자신과 서울의소리가 희생하더라도 이 보도가 더 많이 알려지길 원했다. 이 기자의 진정성에 어떤 식으로든 답해야만 했다.

베트남에서 이미 MBC에 사표를 내는 쪽으로 마음이 기울어졌던 게 아닌가 싶다. 리포트 11개를 준비한 것을 보면 그렇다. 그래도 내 마음대로 결정할 수는 없었다. 'MBC에서 보도하겠다'는 이명수 기자와의 약속이 다른 무엇보다 중요했다. 베트남에서 돌아와 이 기자를 만나 기사를 보여줬다. 기사를 다 읽은 이 기자가 물었다.

"이대로 보도할 수 있어요? MBC에서 해 봤자 한두 꼭지 나가는 거 아니에요? 장 기자님이 쓰신 대로 보도했으면 좋겠는데…."

더 고민할 게 없었다. 이명수 기자가 원하는 걸 얘기했으니 이젠 내가 결정해야 했다. 사표를 내기로 했다.

6

보도 준비 과정

카톡으로 낸 사표

퇴사를 결심했다고 바로 사표를 낼 수 없었다. 디올백 보도를 준비하고 있다는 사실은 끝까지 보안을 유지해야 했다. 갑작스럽게 사표를 내서 이목을 끌고 싶지 않았다. 7시간 녹취록을 보도하기도 전에 보도할 거라는 소문이 나서 방영금지가처분 소송이 제기됐고 법원은 보도 내용을 제한했다. 같은 실수를 되풀이할 수 없었다. 보안이 생명인 만큼 계속해서 휴가를 연장해가며 편집 등 본격적인 방송 준비에 들어갔다.

사표를 낸다고 결심하니까 이번엔 어떻게 사표를 내야 할지가 걱정이었다. 사표를 낸다고 해서 윗사람들에게 유감이 있는 건 아니었다. 부장, 국장, 부국장 모두 같은 부서에서 일해본 적이 있었고 개인적으로 좋아하는 선배들이었다. 당시 부국장은 채널A 검언유착 의혹을 보도할 때 전폭적으로 밀어줬던 선배였다. 막상 사표를 내자니 아쉬움도 컸다. 11월 2번째 주 주말 저녁 부장에게 카카오톡으로 사표를 냈다.

"일신상의 이유로 사직하고자 합니다."

사표는 별다른 설명 없이 아주 짧게 썼다. 카톡으로 죄송하다는 말을 남기고는 회사와 연락을 차단했다. 가장 무례한 방법으로 사표를 낸 것이다. 하지만 중요한 건 디올백 보도였다.

당시는 디올백 보도 준비 때문에 잠 잘 시간도 부족했다. 귀중한 시간을 뺏기고 싶지 않았다. 또 회사 사람들을 만나서 이런저런 이야기를 하다 보면 불필요한 감정 소모가 일어날 텐데, 보도 준비에 영향을 받고 싶지도 않았다. 예의를 차리는 건 사치라고 생각했다. 어차피 기자는 보도로 말하는 거 아닌가. 나머지는 사소한 일일 뿐이다.

MBC에서 보도할 게 아니어서 MBC 기자 신분으로 취재할 수 없었다. 이후에 회사에도 누가 될 일이었다. 주말에 사표를 내고 며칠 뒤 김건희와 대통령실에 입장을 묻는 질문지를 보냈다. 보도를 위해 반드시 필요한 취재였다. 질문지는 카카오톡으로 보냈다. 김건희는 카톡을 받고 약 20분 뒤에 읽었다. 대통령실 홍보수석과 대변인은 읽지 않았다. 보안상 카카오톡 사용이 금지됐을 수도 있겠다는 생각에 문자로도 다시 보냈다. 하지만 김건희와 대통령실 그 누구도 답변을 해오진 않았다.

보도 준비 과정

다시 시계를 돌려 보도를 준비하는 과정을 살펴보자. 기사는 다 썼지만, 방송이 기사만 쓴다고 되는 것은 아니다. 기사는 기본이고 시작일 뿐이다. 이후 촬영, 편집, 자막, CG, 방송 스튜디오 세팅, 출연진 섭외 등 해야 할 건 끝도 없다. MBC 기자라면 크게 고민할 필요 없는 문제였다. 방송 아이템이 정해지면 촬영, 편집을 누가 할지, 순식간에 정해진다. 편집자는 배당받은 아이템에 따라 자료 영상을 찾고, 여기에 또 작가들이 붙는다.

하지만 이제 들판에 나왔으니 이런 시스템을 기대할 수는 없었다. 같이 방송을 도와줄 사람을 구하는 일부터 시작해 모든 과정을 직접 해야 했다. 나흘 치 보도를 혼자 만들 수는 없었다. 함께할 사람들을 섭외해야 했다. 이때 많은 분들이 헌신적으로 도와줬다.

편집과 자막을 담당해준 분들이 특히 그랬다. 알던 사이도 아니고 돈을 많이 준 것도 아니었다. 보도가 끝난 뒤 서울의소리에서 약간의 금액을 지급하긴 했지만 처음 섭외 당시에는 얼마 주겠다는 얘기조차 없었다. 의미 있는 보도를 하려고 하니 뜻을 모아 함께해 달라고 부탁했다. 보도 내용을 듣고 많은 사람이 기꺼이 함께해 줬다.

특이한 것은 편집자와 자막 담당 2명이 같은 조건을 달았다. 자신이 이 프로젝트에 참여했다는 사실을 끝까지 비밀로 해달라는 것이다. 설령 나중에 검찰 수사를 받더라도 자신의 이름을 발설해서는 안 된다는 얘기였다. 처음 섭외할 땐 멋모르고 보도가 끝난 뒤 이런저런 방송에 출연하게 되면 도와주신 분들이 누군지 크게 홍보해 드리 겠다고 제안했다. 돈을 못 주니 해줄 게 그것 뿐이었다. 한참 잘못 짚은 생각이었다. 그렇게 처음 보는 사람들이 모여 하나의 프로젝트를 완성했고 끝나자마자 해산했다.

당시엔 보도를 성공시켜야 한다는 마음만 가득해 다른 생각은 하지 못했었다. 그런데 돌이켜 보면 '디올백 방송이 어떻게 가능했지?' 라는 생각이 든다. 시청자들이야 편하게 보셨겠지만 방송을 준비했던 입장에서 보면 사실상 불가능한 여건에서 일을 해낸 것이었다.

우여곡절도 있었다. 편집에 대해 기대했던 톤 앤 매너가 편집자와 달랐다. 편집자는 유튜브 방송처럼 편집을 했다. 나는 지상파 같은 편집을 원했다. 편집을 다시 하라고 요청했고 10여 차례나 수정을 거쳤다. 같이 편집을 했으면 이럴 일이 없었겠지만 공간이 여의치 않아 편집자가 집에서 편집해 가편을 보내주면 검토해 수정할 부분을 알려줬다. 편집자는 묵묵히 내 지시에 따랐다.

편집자 입장에선 이건 말도 안 되는 일이었다. 돈 한푼 못 받으면서 이렇게 해야 할 이유가 없었다. 자존심의 문제도 있었다. 다른 사람 지시대로 자기 편집을 바꾸는 건 쉽지 않은 일이다. 리포트가 11개나 되다 보니 편집할 것도 많았다. 결국 처음 섭외했던 편집자가 도중에 앓아 누웠다. 부랴부랴 편집자를 한 명 더 구했다. 보안 때문에 여기저기 떠벌리며 사람을 구할 수도 없었다. 보도가 마무리되자 편집자는 "두 번 다시 장인수랑은 일 안 한다"고 서울의소리에 얘기했다고 한다.

마지막 난관은 앵커

편집, 자막, CG 담당 등을 구하긴 했는데 정작 앵커를 구하지 못해 발을 동동 굴러야 했다. 방송 진행을 맡아줄 앵커가 반드시 필요했다. 보도를 지상파처럼 품격 있게 하려면 앵커가 품격이 있어야 한다. 방송인은 많지만 뉴스를 품격있게 진행할 수 있는 앵커는 손에 꼽을 정도다. 지상파 앵커 출신 3명에게 의사를 타진했는데 쉽지 않았다. 각자 상황이나 보도 내용에 대한 이견으로 모두 불발됐다. 섭외에 실패하자 패닉이 찾아왔다.

방송이 코앞으로 다가왔는데 가장 중요한 앵커를 결정도 못 한데다 떠오르는 사람조차 없었다. 지상파 출신에 뉴스 진행 경력까지 갖춘 사람을 찾다 보니 인력풀의 한계가 금방 찾아왔다. 그렇다고 아무하고나 하긴 싫었다. 대한민국 최고 권력자를 고발하는 뉴스다. 목소리 톤, 외모, 앉은 자세, 말투와 억양의 미세한 부분 하나하나가 시청자들에게 신뢰감을 주느냐 어떤 신뢰감을 주느냐를 결정한다.

대책 없이 고민에 고민을 거듭하고 있던 때 누군가 박영식 앵커를 추천했다. 그에 대해선 막연히 그런 사람이 있다는 정도만 알고 있었다. 박 앵커가 진행했던 방송을 찾아봤다. 내가 찾던 사람이었다. 그렇다고 덥석 전화를 할 수 없었다. 이 사람 성향이 어떤지 몰랐기 때문이다. 김건희의 몰카를 폭로하는 방송이다. 성향은 말할 것도 없고 언론인의 강단과 결기가 있어야 했다. 편집자들도 자기 이름을 숨긴 채 몰래 만든 방송 아닌가.

하루 정도 고민했는데 대안이 없었다. 에라 모르겠다는 심정으로 연락하고 약속을 잡았다. 광화문의 한 카페에서 박 앵커를 처음 만났다. 'MBC에 사표를 내고 이런 방송을 할 거다.' '보도는 이런 식으로 진행할 거다.' 보도 계획을 한 시간 정도 얘기했다. 설명을 마치자 박 앵커가 한 가지를 물어봤다.

"보도 내용에 얼만큼 자신이 있으신가요?"

"팩트는 100% 자신 있습니다. 몰카 영상 그대로, 카톡 대화 그대로만 기사를 썼기 때문에 팩트가 틀릴 일은 없습니다. 잘 안 들리는 부분, 확실하지 않은 부분은 기사에서 다 뺐습니다. 공적 영역에 해당하지 않는 김건희 개인 신상이나 인격에 대해 비난으로 보일 수 있는 부분도 다 뺐습니다."

"네, 그럼 저랑 같이하시죠."

뜻밖이었다. '이 사람 뭐지? 뭘 좀 고민하거나 따져 보거나 해야 하는 거 아닌가? 하다못해 출연료가 얼만지 안 물어보나?' 흔쾌히 하겠다고 해서 더 이상 할 얘기가 없어 바로 헤어졌다. 커피숍을 나와서 돌아가는데 불안했다. 당장이라도 전화가 와서 '죄송합니다. 저 못 할 거 같은데요'라고 할 것만 같았다. 아마 박 앵커가 하루 정도라도 고민을 해본 다음에 결정을 했다면 좀 더 신뢰할 수 있었을 것이다. 사실 이런 보도를 하려면 서로 신뢰가 있어야 한다. 민감한 내용을 다루기 때문에 서로 생각이 다르면 조율하기 어렵다. 판단이 다를 때 다른 사람의 판단을 전적으로 믿어야 가능한데 사람이 어디 그런가? 그런데 박영식 앵커는 처음 본 나를 전적으로 신뢰했고 나의 방향대로 따라줬다. 나야 내가 취재하고 기사를 썼으니 자신도 있고 잘못돼도 당연히 책임지는 거지만 박 앵커는 다르다. 얼굴을 내고 방송하는 만큼 책임을 같이 져야 하는데도 기꺼이 나를 믿고 위험한 항해에 동참했다.

지금도 그를 떠올리면 이런 생각이 든다. '나도 특이하지만 너도 참 특이하다.' 어쩌면 이 프로젝트에서 나와 이명수 기자, 최재영 목사보다 더 용기를 낸 유일한 사람이 박 앵커일지 모른다. 실제로 박 앵커는 디올백 보도 이후 출연하던 지상파 방송에서 전부 잘렸다. 아마 디올백 보도를 수락했을 때부터 각오하고 예상했을 것이다. 미안한 마음뿐이다. 한 가지 위안은 디올백 보도 이후 수사기관에 불려 가 조사받은 일은 없다는 것이다.

도와준 분들이 없었으면 이 방송은 불가능했다. 이 보도로 나는 정의로운 기자, 디올백 특종을 보도한 기자라는 명성을 얻었다. 하지만 옆에서 묵묵히 도와준 분들이 얻어간 건 없다. 도와줬다는 사실조차 비밀에 부쳐야 했던 이들이 애초에 뭘 얻어가는 것도 불가능했다.

당시에는 보도를 성공시켜야 한다는 생각에만 빠져 있어서 고맙다는 말도 제대로 못 했다. '이 방송을 성공해야 한다.' '책임은 내가 진다.' '방송 퀄리티는 무조건 좋아야 한다.' 당시 나는 이런 생각밖에 못 했다. 그래서 다그치고 몰아붙였다. 그걸 다 감내하고 따라준 이들에게 감사하고 죄송하다는 말씀을 전하고 싶다.

7

디올백 사건의 본질

이미 다 보도한 데다 유튜브를 통해 언제든지 다시 볼 수 있는 만큼 다시 방송 내용을 다시 언급할 필요는 없어 보인다. 여기서는 이 사건의 의미와 본질에 대해서 좀 되짚어볼까 한다.

디올백 사건으로 드러난 것

① 시스템의 부재

김건희가 디올백을 받았다는 사실이 이 사건의 핵심이라고 생각하지 않는다. 당연히 그런 선물은 줘서도 안 되고, 받으면 더 안 된다. 하지만 이건 개인의 일탈이고 비리다. 영부인도 사람인데 고교 동창을 만날 수도 있고, 고향 친구를 만날 수도 있다. 대통령 관저에 초대해서 구경을 시켜주고 좋은 식사를 대접할 수도 있다. 그렇다고 자기 마음대로 할 순 없다. 영부인이기 때문에 반드시 공적인 시스템을 통해 행위가 이루어져야 한다.

샤넬 화장품이나 디올백을 선물하는 과정을 보면 대한민국의 시스템이 제대로 작동하는지 의문을 제기하지 않을 수 없다. 김건희가 명품 선물을 받은 건 그저 개인의 부패 행위에 불과하다. 그런 사람은 늘 있다. 그런 사람을 처벌하라고 법이 있다.

그런데 이 정권은 대한민국이라는 나라가 수십 년에 걸쳐 세워 놓은 시스템을 완전히 무너뜨렸다. 디올백을 받을 당시 코바나컨텐츠 사무실은 사실상 영부인의 집무실이나 다름없었다. 경찰이 외곽경비를 섰고 대통령실 경호원들이 경호를 했고 코바나컨텐츠의 직원은 윤석열 취임 이후 대통령실의 직원이 됐다. 최재영 목사와 김건희의 만남도 공적인 감시와 시스템 안에서 이뤄져야 했다.

누군가가 영부인을 만나려고 한다면 신분을 확인하고, 방문객 대장에 신분과 출입 목적을 기록해야 한다. 선물의 내용과 전달되는 과정 또한 시스템을 통해 관리돼야 한다. 하지만 이 모든 과정이 없었다. 경호원들이 선물을 보안검색대로 가져가 검사하긴 했지만 그게 전부였다. 정상적이라면 의전비서관실이나 경호처에서 선물을 확인하고 이 선물을 어떻게 처리할지 결정하고 그 과정을 공문으로 남겨야 한다. 이 과정 역시 없었다.

결국 최재영 목사가 김건희를 만나 디올백을 전달하고 나오는

40여 분의 시간 동안 국가 시스템은 붕괴했다. 경호처는 경호에 실패했고 의전비서관실의 기능은 마비됐다. 김건희라는 절대 권력자 앞에서 공적 시스템은 아예 존재가 무의미했졌다. 이건 개인 비리와 차원이 다른 국가적 문제다. 최고 권력자가 누구냐에 따라 법과 제도가 한순간에 무너질 수 있다는 걸 모든 국민이 똑똑히 지켜봤다. 이 사건의 본질은 여기에 있다.

② 국정농단

최재영 목사가 촬영한 29분간의 영상을 보면 김건희의 국정농단을 의심하지 않을 수 없다. 김건희는 스스로 대통령인 것처럼 행동하고 있는 데다 자신이 결심하고 마음먹으면 뭐든지 해결할 수 있다는 듯이 말한다. 그녀의 발언을 보자.

> "제가 이 자리에 있어 보니까 객관적으로 전 정치는 다 나쁘다고 생각해요.
> (중략) 막상 대통령이 되면은 좌나 우나 그런 거보다는 진짜 국민들을 생각을
> 먼저 하게끔 되어 있어요. 이 자리가 그렇게 만들어요."

영부인은 대통령이 아니다. 명시된 법적 권한도 없다. 보통 대통령을 위해 조심하고 삼가야 하는 자리다. 그러나 그녀는 스스로 권력자처럼 행세했다. 그리고 이 같은 자신의 언행을 숨기지도 않는다. 이 말에 여실히 드러나 있다. 문맥상 '이 자리'가 어떤 자리인지는 명확하다.

"저는 그렇게까지 무슨 ○○대표는 아닌데 대통령 자리 올라가니까…."

　권한이 없는 사람이 나라의 정사를 마음대로 쥐락펴락하는 것이 국정농단이다. 국정농단 사건으로 인해 박근혜 전 대통령은 탄핵당했고 최순실은 처벌받았다. 대통령의 권한을 행사할 어떠한 자격도 없다는 점에서 김건희와 최순실은 다르지 않다.

③ 무식 혹은 무모

"제가 저에 대한 (관심이) 어느 정도 이렇게 저기 좀 끊어지면 좀 적극적으로 저는 남북문제 제가 좀 나설 생각이에요. 정말로."

"윤석열 정부가 잘해 내서 통일돼서 대한민국 성장하고 우리 목사님도 한번 크게 저랑 할 일 하시고…."

　역시 대통령이나 할 수 있는 말이다. 또 하나, 남북문제에 관해서는 미국 대통령도 쉽게 얘기하지 못한다. 한반도를 둘러싼 지정학적 문제는 여러 나라의 이해관계가 복잡하게 얽혀 있다. 그래서 조심해야 하고 신중하게 접근해야 한다. 김건희는 이런 국제 질서에 관해 전혀 이해하지 못하고 있다. '우리의 소원은 통일'이라고 말하는 초등학생처럼 단순하다. 없는 권한을 휘두르는 것도 문제지만, 권한을 휘두르는 사람이 무식하다는 것도 문제다. 이런 단선적인 접근으로는 남북문제는커녕 대한민국의 어떤 문제도 해결할 수 없다.

디올백 보도의 의미

디올백 사건을 취재하면서 특종이라고 생각했고, 설레기도 했다. 하지만 시민의 한 사람으로서는 심각한 위기감을 느꼈다. 김건희가 명품 가방을 스스럼없이 받고, 손님 앞에서 아무렇지 않게 가래침을 뱉고, 목 늘어진 티셔츠를 입은 채 방문객을 맞이하는 모습은 충분히 충격적이다. 직관적인 데다 국격과 관련된 문제이기 때문에 사람들의 관심을 끌 만한 이슈라는 것도 잘 안다. 하지만 이건 강조하고 싶은 부분은 아니었다. 더욱 중요한 건 이 정부의 깊은 병증이다. 그리고 그 중심에 김건희가 있다.

그간 윤석열과 김건희의 관계에 관해 많은 국민이 의구심을 가져왔다. 왜 김건희는 주가조작으로 소환 조사받지 않는가? 왜 최은순 씨는 은행 잔고증명서를 위조하고, 위조한 은행 잔고를 통해 부당한 이익을 얻고, 심지어 그걸 증거라며 법원에 제출까지 했는데도 검찰은 소송 사기나 위조문서 행사죄는 빼고 축소 기소했는가? 어떻게 자격도 없는 자가 요양병원을 세워서 나랏돈 20억 원을 빼먹고도 처벌받지 않을 수 있나? 양평고속도로 노선을 어떻게 바꿀 수 있나? 수많은 의혹이 있는데 그들은 여전히 평화롭다. 언론은 보도하지 않고, 수사기관은 수사하지 않는다. 여당의 대표였던 자(한동훈)는 이에 대해 명확하게 이야기하지도 못한다. 여권에서 김건희는 언급해선 안 되는 이름이 됐다. 윤석열에게는 민생도 외교도 없었다. 오직 김건희를 위한 통치만 했다. 대통령이란 자리를 제 아내의 호위무사로 전락

시켰다.

디올백 사건으로 인해 그간 제기됐던 수많은 의혹이 입증됐다. 수백 만원짜리 명품 백을 태연히 받는 장면이 영상에 고스란히 찍혔고 국민이 지켜봤는데도 그녀는 괜찮다. 대한민국의 최고 권력자가 누구인지, 그녀가 어떤 위세를 휘두르고 있는지 여실히 드러났고 이 점에서 충분히 의미 있는 보도였다고 믿는다.

8

보도 이후 벌어진 일들

다음 날, 세상은 조용했다

11월 27일 밤 첫 보도가 나갔다. 다음 날 아침이면 세상이 뒤집어질 거라 생각했는데, 조용하고 평온했다. 지상파 라디오, TV, 종편은 물론이고 심지어 민주당을 지지하는 유튜브 채널들까지 디올백 보도를 언급하는 곳은 없었다. 기성 언론이 그러는 거야 당연히 예상했던 바였다. MBC에서도 못 한다고 하는 마당에 어떤 매체가 이걸 받아서 보도하겠나. 하지만 적어도 유튜브에서는 난리가 날 거라고 예상했다. 실제로 보도 다음 날 유튜브 시사 프로그램의 실시간 채팅창은 디올백 얘기로 도배되다시피 했다. 하지만 진행자들은 철저히 침묵으로 일관했다.

특종이 되려면 다른 매체들이 받아서 관련 보도를 해줘야 한다.

첫날은 후속 보도가 전무하다시피 했다. 오후 2시 넘어서 인터넷에 디올백 관련 첫 기사가 올라왔다. 뉴스버스도 디올백 보도를 시작했다. 하지만 거기까지였다. 기성 언론 대부분이 디올백 보도를 철저하게 무시했다.

나는 시청률에 강한 편이다. 이미 보도된 걸 받아서 썼는데도 마치 특종인 것처럼 흥행시킨 경우도 꽤 있다. 단독 보도를 잘하거나 기사를 잘 쓰기보다는 대중들의 심리를 읽어서 그들이 원하는 대로 쓰거나 기사 가치를 극대화해서 보도를 재밌게 만드는 능력이 있는 편이다. 이게 가능하려면 판단이 정확해야 한다. 기사가 어느 정도 파장이 있을지, 시청자들의 특정 반응을 이끌어내려면 어떤 식으로 기술해야 할지를 정확히 예측하고 기사를 써야 한다.

디올백 보도의 파장을 예측하고 판단하는 건 너무나 쉬운 일이었다. 그래서 기사를 쓰는 것도 전혀 어렵지 않았다. '기성매체는 침묵하겠지만 대안매체들 사이에선 보도 즉시 난리가 날 것이고 그렇게 점차 알려지게 되면 결국 기성매체들도 따라오게 될 것이다.' 하지만 뚜껑을 열어보니 완전히 빗나갔다. 최소한 하루 동안은 대안매체도 같이 침묵했다.

다행히 2일 차, 3일 차 보도가 나가자 조금씩 기사화되기 시작했다. 대안매체들도 디올백 사건을 화제로 올리기 시작했다. 하지만 모두가 극도로 조심하는 모습이었다. 디올백 사건에 대한 정치권의 첫 언급을 보면 이를 잘 알 수 있다. 박주민 의원은 28일 아침 열린 민주당 원내대책회의에서 이렇게 말했다.

"마치기 전에 질문을 몇 가지 던져봐 달라는 부탁이 있어 가지고 어제 한 매체에서 윤석열 대통령이 취임한 후에 김건희 씨가 지금 명품백을 선물받았다는 보도가 나왔어요. 근데 이 보도가 사실인지 아닌지 모르겠습니다. 그래서 질문을 좀 드리겠는데요. 진짜 디올백을 받았나, 라는 질문. 받았으면 아직도 소장하고 있는가? 그다음에 백을 선물한 최 목사란 사람은 도대체 어떤 사람이고 어떤 관계인가. 무슨 이유로 면담을 했는가? 이런 부분을 좀 답변을 대통령실 측에서 좀 해주셨으면 좋겠습니다. 경우에 따라서는 법 위반이 될 수도 있는 사인이기 때문에 사실이란 전제하에 질문드리는 건 아니고 제 질문에 답을 좀 해주셨으면 좋겠다 라는 말씀드리면서 마치도록 하겠습니다."

디올백을 받는 영상이 있는데도 '보도가 사실인지 아닌지 모르겠다', '사실이란 전제하에 질문드리는 건 아니다'라고 말했다. 불체포특권과 '국회의원은 국회에서 직무상 행한 발언과 표결에 관하여 국회 외에서 책임을 지지 아니한다'는 면책특권이 있는 국회의원도 이렇게 조심스러운데 겁 많은 기자들이야 더 말해 뭐할까. 발언의 신중함과는 별개로 디올백 사건을 처음으로 언급을 해준 박 의원에게는 감사드린다.

방송사 중엔 JTBC가 첫 보도를 내놨다. 28일 뉴스룸에서 디올백 수수 문제를 다뤘다. 내용은 최재영 목사의 배후가 서울의소리라 며 최 목사와 서울의소리를 공격하는 보도였다. 그나마라도 보도해준 게 고마웠다. 그런데 뜻밖의 호재가 터졌다. 30일 세계일보가 단독 기 사를 내놨다. 세계일보는 '[단독] 방심위, JTBC 김건희 여사 명품백 보도 긴급심의 안건으로'라는 제목의 기사에서 "방송통신심의위원회 는 함정취재로 논란이 된 서울의소리의 유튜브 영상을 사용한 JTBC 뉴스룸에 대해 긴급심의에 착수할 것으로 알려졌다"라고 보도했다. JTBC는 서울의소리를 공격하는 보도를 했는데 윤석열 정부는 그런 보도조차 용납 못 하겠다며 칼을 빼든 것이었다.

디올백 수수 사건 자체는 보도하지 못하던 언론들이 일제히 방 심위 징계 내용을 보도하기 시작했다. 언론 보도를 막겠다는 방심위 의 제재가 오히려 언론 보도에 불을 붙인 셈이었다. (윤석열 정부에 고 마운 점이 하나 있다면 멍청하다는 거다.)

2일 차, 3일 차 보도가 나가면서 유튜브 등 대안매체들도 사건을 다루기 시작했다. 하지만 여전히 몸을 사리는 분위기는 역력했다. 정 치권의 반응도 더뎠다. 시청자들만 실시간 채팅창에서, 상관없는 기 사의 댓글란에서 디올백 사건을 외치고 퍼 나르고 있었다. 힘 있는 사 람들은 침묵했다. 영상이 있는데도 김건희가 디올백을 받은 사실이 사실로 대접받기까지는 상당한 시간이 필요했다. 팩트는 맞거나 틀리 거나 둘 중 하나지 중간은 없다고 생각했는데 순진한 착각이었다. 팩 트도 의지와 권력관계의 산물이었다. 치열한 투쟁을 통해 권력자들의 방어막을 뚫어내야만 비로소 사회적 팩트가 될 수 있다는 사실을 깨달았다. 치열한 투쟁을 벌여준 건 언제나 그렇듯 깨어 있는 시민들이었다.

흔한 얘기로 만약 만약 김정숙 여사나, 김혜경 여사가 그랬다면 우리 사회가 이 팩트를 소화하는 데 시간이 필요했을까? 유튜브 매체나 기성 언론이 그렇게 조심하고 눈치를 보며 한동안 침묵했을까? 아니다. 다음 날 아침 세상은 디올백 기사로 도배됐을 것이다.

이 디올백 사건 보도 이후에 벌어진 일들은 많은 것을 시사한다. 우리 사회가 얼마나 억눌려 있는지, 권력자의 치부를 폭로하기 위해선 얼마나 많은 용기가 필요한 것인지, 적어도 김건희라는 존재가 대한민국을 어떻게 짓누르고 있는지 분명하게 드러냈다.

그래도 희망은 기자?

디올백 사건을 알리는 데 큰 역할을 한 2명의 기자가 있다. 노종면과 이진동 기자다. 2023년 11월 당시 노종면 선배는 유튜브 채널 스픽스에서 방송 중이었다. 디올백 보도를 앞두고 함께 동시 송출할 여러 유튜브 채널을 찾다가 노종면 선배에게 연락했다. 기사를 본 선배는 특종이라는 걸 한눈에 알아봤다. 취재윤리가 논란이 될 거라는 것도 알았다. 노 선배는 사전 기획으로 함정취재 사례와 취재윤리 위반에 대한 기획 보도를 준비했다. 함정취재는 선진국 언론들에게 보

편적인 취재기법이다. 딱히 윤리적으로 문제 삼지도 않는다. 함정취재
는 그 취재로 얻을 수 있는 내용이 공익적이어야 하고 함정이라는 수
단을 사용하지 않으면 취재가 불가능할 경우에 허용된다. 그렇다 하
더라도 잘못을 저지를 마음이 애초에 없는 사람을 꼬드겨서 잘못을
저지르도록 유인하는 행위는 허용되지 않는다. 이 기준에 비추어보
면 디올백 취재와 보도는 윤리적으로 크게 문제 되지 않는다. 2023년
11월 27일 밤 첫 보도가 나가자 노 선배는 28일 아침 '김건희 특보'를
편성해 디올백 수수 사건을 집중 보도했고 취재윤리 위반 논란을 선
제적으로 다뤘다.

　　이진동 선배는 자신이 대표로 있는 뉴스버스의 유튜브 채널을
통해 디올백 보도를 동시 송출했다. 역시 첫 보도 다음 날인 28일 아
침부터 디올백 사건을 적극적으로 보도했다. 서울의소리 보도 영상을
다양하게 편집해서 하루 종일 디올백 보도 영상을 반복해서 송출했
다. 또 서울의소리에서 보도가 나가는 즉시 기사를 작성해 뉴스버스
홈페이지에 가장 먼저 게재하기도 했다. 당시는 모두가 숨죽이고 디
올백에 대해 이야기하지 않을 때였다. 그런데 노종면·이진동 기자는
그런 건 아무 상관 없다는 듯 보도했다.

　　두 기자는 다른 기자들보다 특별히 정의로웠던 걸까? 그렇게도
볼 수 있지만 내 생각은 조금 다르다. '팩트면 쓴다'는 저널리즘의 가
장 기본적인 원칙에 충실했던 것이라고 본다. 두 고참 기자는 기사
를 보자마자 기사가 팩트인지 아닌지, 의혹 제기인지를 봤다. 동영상

과 카카오톡으로 사실관계가 명확히 증명되는 기사라는 걸 본 것이다. 제대로 훈련된 기자는 팩트로 확인되면 보도를 주저하지 않는다. 권력자의 탄압, 광고주의 압박 같은 건 팩트 앞에선 사소한 문제일 뿐이다. 나는 두 선배 기자가 이렇게 행동했을 뿐이라고 생각한다. 이런 기자들이 진짜 '기자'들이다.

걷잡을 수 없는 파장, 외면하는 국내 언론

비록 시간이 걸리긴 했지만, 큰 틀에서 예상은 적중했다. 파장만 놓고 보자면 예상을 훌쩍 뛰어넘었다. 더뎠지만 파장은 점점 커져 갔고 급기야는 뉴욕타임스 1면에 실리기까지 했다. 전혀 예상하지 못한 일이었다. 한국은 국제뉴스에서 주변국에 불과하다.

국제뉴스에서 주요 국가는 정해져 있다. 제국주의 경험이 있는 국가들로 미국, 중국, 영국, 프랑스, 독일, 일본, 러시아 정도다. 이 국가들의 결정이나 행동은 국제 질서에 큰 영향을 미친다. 하지만 한국 정부는 그렇지 못하다. 국력이 약하니 국제 질서에 영향을 끼칠 만한 결정을 스스로 하는 게 애초에 허락되지 않는다. 이 때문에 한국의 뉴스가 외신을 장식하는 경우는 드물다.

예를 들어 미국 연준에서 금리를 올리면 국제뉴스가 된다. 일본이나 중국의 동향도 마찬가지다. 한국은행이 금리를 올리든 말든 한국 정부가 어떤 정책을 발표하든 국제뉴스로서는 별 가치가 없다. 한국이 외신에 등장하는 경우는 크게 두 가지다. 하나는 한반도에 긴장 상황이 발생했을 경우다. 북한이 무력 도발을 하면 외신들이 일제히 보도한다. 그런데 이건 국내 소식이라기보다는 한반도 정세 뉴스라고 봐야 한다. 또 다른 경우는 대형 참사급의 사건이 터졌을 경우다. 세월호나 이태원 참사가 대표적인 사례다. 국내 정치 뉴스가 외신에 크게 보도된 경우는 박근혜 대통령 탄핵 그리고 최근에 벌어진 12.3 내란 사태 정도다.

국내 권력자의 비리나 사생활 문제가 외신에 대대적으로 보도되는 경우는 거의 없었다. 그런데 디올백 사건 보도는 국내 정치 뉴스로는 처음으로 외신들의 관심을 사로잡았다. 뉴욕타임스, BBC, NHK 등 거의 모든 선진국의 언론들이 주요 지면과 시간을 할애해 디올백 사건을 보도했다. 또 남미나 아프리카 같은, 이른바 제3세계 언론들까지 일제히 디올백 사건을 보도했다. 사실 국제질서에 영향을 미친다거나 할 만한 중요한 뉴스가 아니었음에도 크게 보도했던 건 사건의 내용이 그만큼 재미있었기 때문이었던 것 같다. 영부인과 명품백, 몰카, 이 때문에 벌어진 윤·한 갈등을 비롯한 정치권의 후폭풍…. 뉴스 소재로 이보다 자극적이고 흥미로운 걸 찾기 어렵다.

처음엔 해외 언론이 다루더라도 가십성 해외토픽 수준일 거라고 예상했다. 첫 해외보도였던 대만 언론의 보도가 딱 그랬다. 하지만 사건의 파장이 커지면서 이후 외신들은 사건의 사실관계와 이후 파장에 대해 정확하게 분석해 무게 있게 보도했다. 현상만 보도했지 사건 자체는 끝까지 외면하려고 노력한 국내 언론과는 확실히 달랐다.

국내 언론이 디올백 사건을 주요 뉴스로 다루기 시작한 건 2024년 총선 정국이 시작되면서부터였다. 당시 한동훈 국민의힘 비대위원장과 김경률 비대위원이 디올백과 관련해 김건희를 탓하는 발언을 했고 대통령실은 격노했다. (언론들은 대통령실이라고 표현했지만 사실은 김건희다.) 그러자 이때부터 모든 언론이 관련 내용을 보도하기 시작했다. '한동훈은 이렇게 말했다', '대통령실이 격노했다' 유의 보도가 쏟아지기 시작했다. 하지만 디올백 수수 사건 자체와 이 사건이 가지는 함의에 대해 제대로 보도하는 언론은 없었다.

언론이 이런 식의 보도 행태를 보여온 건 어제오늘의 일은 아니다. 권력자, 특히 보수정당이나 검사의 비리와 관련한 특종 보도에 대해 국내 언론은 애써 외면해왔다. 하지만 사건이 크게 불거져 제도권으로 넘어오면 기성 언론들은 그제야 보도하기 시작한다. 출입처 기사로 다루는 것이다. '검찰이 수사에 착수했다', '무슨 정당의 대표가 이렇게 말했다', '전격 압수수색했다', '누구를 소환했다', '정부부처가 조사에 착수했다'와 같은 기사들이 전형적인 출입처 기사의 형태다.

디올백 사건으로 빚어진 윤·한 갈등은 국민의힘이라는 출입처에서 벌어지는 일이었고 기자들은 그제야 열심히 받아쓰기 시작했다. 단순 전달 보도이니 쓰기도 쉽고 나도 쓰고 너도 쓰고 다 같이 쓰기 때문에 리스크도 없다. 그래서 출입처 기사는 기자들과 언론사가 열심히 쓴다. 디올백 사건을 처음으로 보도하는 건 다르다. 취재가 어렵고 단독으로 써야 하니 리스크도 크다. 디올백 사건을 발표해줄 정부 기관도 없으니 출입처 기사가 아니고 따라서 취재 대상도 아니다. 그러니 나도 안 쓰고, 너도 안 쓰고, 다 같이 안 쓴다. 한국 언론의 고질적인 문제다.

어떤 사건이 일어났다면 필연적으로 그 원인이 있다. 언론이 그 사건을 보도하려면 당연히 그 원인까지 함께 다루어야 한다. 디올백 수수라는 원인 때문에 윤·한 갈등이라는 결과가 생겼는데, 언론에선 결과물인 갈등에 대해서만 얘기할 뿐이다. 내가 한 특종인데 남들이 안 받아서 준다고 징징대는 게 아니다. 한국 언론이 표피적인 보도만 되풀이하는 이유를 설명하려는 것이다.

"윤석열 한동훈 둘이 왜 싸워요?"

"디올백 사건 때문에….."

"디올백 사건은 뭔가요?"

"그건 이미 보도된 거잖아."

하지만 디올백 사건을 제대로 보도한 언론사는 없다. 한국 언론이 늘 이런 건 아니다. 조국 사태, 대장동 사건 같은 경우 모든 언론이 사건 자체를 집중 보도하며 치열한 경쟁을 벌인다. 민주당은 만만하기 때문이다. 그래서 언론사마다 단독 특종도 많다. 이래서 '기울어진 운동장'이란 비판이 나오지만 기자들은 신경쓰지 않는다. 자신들이 만든 성에 갇혀서 눈과 귀를 닫고 자신들이 보고 싶은 대로 본 것만 사실이고 보도 가치가 있는 뉴스라며 독자들에게 들이민다. 끔찍하고 충격적인 사건이 일어났어도 검찰이 조사하지 않고, 언론이 보도하지 않으면 그 일은 없던 일이 돼버린다.

다행히 디올백 사건은 국민들의 엄청난 관심으로 문턱을 넘어 제도권으로 들어왔다. 하지만 제대로 된 사건 처리는 난망하다. 윤석열이 두 번이나 입장을 밝혔지만 제대로 된 사과는 없었다. 김건희가 오히려 검사를 소환하는 콜검 사태까지 빚어졌다. 디올백 사건이 앞으로 어떤 코미디를 더 보여줄지 궁금하다.

9

취재윤리 위반에 관한 단상

함정취재에 관해 묻다

디올백 보도는 시작할 당시부터 함정취재 논란과 취재윤리 위반에 관한 비판이 꼬리표처럼 따라 붙었다. 디올백 사건은 기성 매체들의 취재 문법과는 전혀 다르다. 보통은 어떤 사건이나 사고가 먼저 일어나고, 기자는 객관적인 관찰자로서 그와 관련한 취재를 한다. 출입처 취재도 마찬가지다. 정치인, 정부, 기업이 어떤 행위를 하거나 발표를 하면 그다음에 기자들이 달라붙기 마련이다. 때로는 특정 기자와 신뢰나 친분을 쌓은 취재원이 그 기자에게만 정보를 주기도 한다. 기자와 취재원과 양측이 모두 서로의 신분과 상황을 잘 알고 있는 상태에서 취재가 이뤄진다.

이 사건은 다르다. 이명수 기자는 김건희에게 자신을 드러내지 않았다. 김건희는 최재영 목사가 선물한 샤넬 화장품과 디올백을 이 기자가 사준 것이라는 사실을 몰랐다. 기자가 자신의 신분을 숨겼고 또 선물을 사준다는 행위를 함으로써 사건 자체에 개입하기도 했다. 우리나라 기자들 대부분은 이런 방식의 취재를 해본 적이 없다. 그러니 생소하기도 하고 언뜻 보면 비윤리적으로 보이기도 한다. 하지만 하나씩 따져보면 윤리적으로 문제 될 것이 별로 없다. 이 같은 방식의 함정취재는 이미 많은 나라에서 적극적으로 사용되는 취재기법이다.

세계일보가 2023년 3월 26일에 보도한 〈투잡 제안하는 함정취재에 넘어간 영국 의원들〉이라는 기사를 보면 한 영국의 탐사보도 매체는 한국에 가짜 컨설팅 회사를 세운 뒤 영국 국회의원들에게 자문료를 주겠다고 제안했고 여러 의원들이 이에 응했다. 영국 정치인이 자문료를 받는 건 로비법 위반이 될 수 있다.

가짜 컨설팅회사는 '한성컨설팅'으로 한국에 만들어졌다는 게 재밌다. 디올백 보도와 비교하면 훨씬 더 비윤리적이다. 함정에 빠뜨리기 위해 외국에 컨설팅회사를 만들기도 했고 기자가 직접 불법적인 제안을 정치인들에게 했다. 하지만 영국에서 취재윤리에 대한 논란이 일었다는 얘기는 없다. 정치인에 대한 비난만 있었을 뿐이다. 앞서 설명한 대로 정치인들의 부도덕한 면을 폭로하려면 이 같은 방법 말고는 대안이 없기 때문이다.

세계일보 기사 〈투잡 제안하는 함정취재에 넘어간 영국 의원들〉

최재영 목사가 처음부터 자신의 신분을 속이고 김건희에게 접근한 것이 아니었다. 김건희를 속이기 위해 가짜 컨설팅회사를 만드는 것과 같은 장치를 고안해 내지도 않았다. 처음부터 몰카를 들고 간 것도 아니었다. 샤넬 화장품을 받는 걸 보고는 그다음에 몰카를 들고 가 촬영했다. 다른 함정취재와 비교해 모든 부분에서 윤리 위반의 소지가 적다. 그런데도 디올백 보도에 대한 언론인들의 비판은 매서웠다.

김종배 평론가

"마약구매자를 가장하는 경우나 몰카 기법을 동원하는 경우는 모두 수사나 취재 이전에, '마약판매·비위행위'가 있다는 것이 전제돼야 한다"며 "김건희 여사 건은 이미 있었던 일에 접근하는 것이 아니라 일을 만드는 방법이다. 하나는 접근이지만, 하나는 공작"이라고 비판했다.

⇨ '김건희 건은 이미 있었던 일에 접근한 것'이다. 샤넬 화장품 받는 걸 확인하고 나서 디올백 수수 몰카 촬영을 시도했다.

심석태 세명대 저널리즘대학원 교수

"(일반적인 함정취재는) 실제로 벌어지고 있는 일을 몰래 취재한다. 그런데 이번에 일어난 건 함정이나 작전을 벌여놓고 취재 대상한테 뭔가를 하도록 유도하는 것이다. 통상적으로 기자들이 사용하는 위장취재·기만취재하고는 좀 다르다"고 했다. 심 교수는 "범죄 의사가 없는 사람에게 범죄를 제의해서 범죄를 하게 만드는 건 일반적으로 금지되는 행위다. 그것과 비슷하게 볼 수 있다"고도 했다.

⇨ '실제로 벌어지고 있는 일을 몰래 취재'하는 걸 함정취재라고 하지 않는다. 그건 '몰카 취재'다. 함정취재는 기자가 신분을 위장하고 접근해 부도덕한 일을 제안하는 걸 말한다. '범죄 의사가 없는 사람에게 범죄를 제의해서 범죄를 하게 만드는 건 일반적으로 금지되는 행위다. 그것과 비슷하게 볼 수 있다.' 김건희를 그렇게 본다면 할 말 없다.

김동찬 언론개혁시민연대 정책위원장
고도의 공익적 필요성, 함정 또는 위장 취재의 불가피성이나 예외성도 인정하기 어렵다. 영부인의 명품백 수수는 공적 사안에 해당한다고 보지만, 그렇다고 문제적 취재 영상을 무분별하게 사용하는 건 바람직하지 않다."

⇨ '고도의 공익적 필요성, 함정 또는 위장 취재의 불가피성이나 예외성도 인정하기 어렵다.' 이렇게 생각하시는 건 자유다. 영국 기자가 컨설팅회사까지 만들어 돈 주겠다며 위장 접근해 정치인에게 접근한 건 어떻게 평가할지 궁금하다.

2010년 영국 선데이타임스는 기자들을 미국의 로비스트로 꾸며 FIFA 집행위원들에게 접근했다. 로비스트로 분한 기자들은 2022년

월드컵 개최지로 미국에 투표해주면 대가를 베풀겠다는 제안을 했다. 그 결과 아다무 집행위원은 나이지리아에 축구장 4개를 지을 수 있도록 80만 달러를 투자해 달라고 했다. 그리고 테마리 집행위원은 뉴질랜드에 축구 아카데미를 짓는 데 필요한 300만 달러의 기금을 조성해 달라고 요구했다. 이 같은 사실이 폭로되자 미국축구연맹은 자신들과 상관없는 일이라며 선을 그었다. FIFA는 이 2명의 집행위원을 제명했다. 하지만 함정취재를 한 영국 선데이타임스를 비난하는 목소리는 찾기 힘들다. 왜 그럴까?

디올백이 이들 사건과 비교해서 더 비윤리적인 것도 아니고 공익성이 떨어지는 것도 아니다. 그런데 한국은 보수적인 사람들은 말할 것도 없거니와 개혁적인 지식인으로 알려진 사람들까지 디올백 보도가 비윤리적이라고 목소리를 높인다. 왜 그런지는 잘 모르겠고 관심도 없다. 하지만 이상하지 않은가? 언론인들이 섬겨야 하는 시청자, 독자, 국민은 왜 디올백 수수 취재 방식이 비윤리적이고 나쁜 것이라고 비난하지 않을까? 자신이 믿고 있는 머릿속 관념에서 나와서 세상을 살기 바란다.

합의되지 않은 취재윤리

기자들에게 취재윤리가 정말 중요할까? 별로 그런 것 같지 않다. 많은 방송 기자가 취재원과 통화하면서 녹음한다. 하지만 사전에 상대방의 동의를 구하는 경우는 별로 없다. 일단 녹음부터 한다. 그리고 필요하면 이를 방송으로 내보낸다. 역시 허락받지 않고 내보내는 경우가 많다. 당연히 취재윤리 위반이다. 불가피한 사정이 없다면 사전에 동의를 구한 뒤 녹음하고 방송에 내는 것도 사전에 협의하는 게 맞다.

하지만 한국 기자들은 이 과정을 간단하게 생략해 왔다. 그리고 별다른 문제의식을 느끼지 않는다. 기자들이 취재윤리를 중요하게 생각한다면 왜 이에 대해선 문제제기를 하지 않나? 모두가 같이 하고 있는 취재윤리 위반은 괜찮고 김건희를 상대로 한 취재윤리 위반만 문제 되는 건 아닐까?

몰카를 취재에 사용하는 경우가 많다. 2018년 9월 MBC의 한 기자는 몰카를 차고 한 택배회사 물류센터에 일용직으로 취직해 일하면서 그 실태를 보도했다. 보도 이후 시청자들의 반응은 뜨거웠다. 몰카를 차고 위장 취업한 행위 자체는 윤리적이라고 할 수 없지만 보도가 보여준 공익성이 크기 때문에 이를 문제 삼는 목소리는 없었다. 하지만 김건희를 몰카로 찍는 건 안 된다. 이상한 기준이다.

2024년 5월 24일, 개인적으로 인상 깊은 장면이 하나 있었다. 윤석열이 소통 행보를 이어가겠다며 청와대 출입처 기자 200여 명을 초청했다. 소위 윤석열 레시피로 요리한 김치찌개를 기자들에게 나눠주었다. 이 자리에서 윤석열은 직접 계란말이를 만들기도 했다. 그가 만든 계란말이는 순식간에 사라졌다. 기자들은 음식을 받으며 고맙다고 인사하기도 하고, 더 달라고 말하기도 했다. 이 자리에서 그에게 현안을 묻는 기자는 없었다. 그저 웃고 즐기고 먹는 행복한 순간만이 존재했다. 채상병 특검법과 관련하여 재의요구권을 발의한 지 3일 뒤였다.

디올백 보도의 취재윤리를 문제 삼는 사람은 보수 정치인들을 빼면 주로 전·현직 기자들이었다. 문제의식의 근간에는 스스로 윤리적이라는 기자들의 믿음이 깔려 있다. 여기서 국민과 기자들 간의 괴리가 발생한다. 국민 대부분은 기자들을 '기레기'라며 욕하는데, 기자들은 자신들이 도덕적이고 정의롭다고 여긴다. 하지만 기자라는 직업이 사회적으로 존경받는 해외에서는 함정취재가 문제 되지 않는다. 기레기라고 욕먹는 기자들이 취재윤리를 따지며 군자연 하는 모습은 코미디에 가깝다.

보도 이후…

최종 책임은 이 사건을 보도한 나에게 있다. 그래서 이 사건을 둘러싼 모든 비난은 결국 나를 향한 것이다. 많은 비판과 비난이 있었지만 딱히 반성할 건 없는 것 같다. 최선을 다해 취재했다. 보도를 위해 뜻하지 않게 MBC에 사표를 냈다. 그리고 많은 사람이 인정하는 의미 있는 보도를 했다. 가장 중요한 건 사실에 근거한 보도였다는 것이다. 오보 논란은 제기조차 되지 않았다.

가끔 이런 말도 들린다. '특종에 눈이 멀어서….' 비난하기 위한 말이겠지만 이 말이 딱히 기분 나쁘진 않다. 특종을 보고도 외면하는 기자도 많으니까 한편으론 칭찬일 수도 있겠다 싶다. 디올백 보도를 준비할 때는 다른 어떤 것도 중요하지 않았다. 오직 이 보도를 성공시켜야 한다는 마음뿐이었다. 이문을 좇는 장사치를 욕할 수 없듯 특종을 좇는 기자를 비난할 순 없다. 그게 기자의 본질 아닌가. 메피스토펠레스에게 영혼을 판 파우스트가 된 것도 아니고.

디올백 보도는 끝났고 이제는 새로운 길 위에 서 있다. 이제 우산이 되어 줄 회사는 없다. 유튜브라는 경험해 보지 않은 매체를 통해 홀로 서야 한다. 하지만 기자 일이란 게 매체나 소속이 바뀐다고 크게 달라지지 않는다. 다음 특종을 찾아 나설 때다.

PART 2.

MBC와 7시간 녹취록 보도의 진실

최초보도
2022년 1월 16일, MBC

들어가기 전에 - 16만 6천 원

　MBC를 퇴직하고 종종 MBC 선배 기자들과 식사를 한다. 대게, 한우, 곱창 등 선배들은 평소 내 돈 내고 먹기 힘든 것들을 사준다. 대화는 주로 디올백 보도와 퇴직에 관한 것이다. MBC가 디올백 보도를 '했어야 했다'는 의견이 많다. 나와 친분이 있는 선배들이니 성향이 비슷해서 그럴 것이다. 디올백은 공영방송에서는 보도하기에 어려웠다고 생각하는 MBC 기자들도 많은 것으로 알고 있다. 퇴직 얘기를 할 때면 선배들은 복잡하고 미묘한 감정들을 내비친다. 사표까지 낸 후배에 대한 안타까움, 부담과 책임을 나누지 못하는 것에 대한 미안함, 과감한 결단에 대한 평가, 별생각 없어 보이는 후배의 미래에 대한 불안과 걱정…. 한 선배는 앞서 MBC를 그만둔 다른 선배에게 전화해 나를 좀 챙겨달라는 부탁을 했다고 한다. 한 선배는 또 다른 선배에게 임원이 되면 나를 다시 MBC로 발탁하라는 얘기를 했다고 한다. 한 선배는 내게 전화해 엄혹한 시절이 지나가면 MBC로 돌아와야지 않겠냐는 위로를 했다. MBC 다닐 때는 스스로를 은둔형 외톨이라고 여겼는데 그래도 나를 아끼는 사람들이 적지 않았단 사실을 회사를 나오고 나서 알게 됐다.

봉투를 주는 선배들도 많았다. 힘내라면서 다른 건 못 해줘도 밥은 언제라도 사줄 테니 부담 갖지 말고 전화하라는 얘기와 함께. 가장 기억에 남는 건 지갑에서 돈을 꺼내 준 선배다. 값비싼 한우를 먹고 커피까지 마신 뒤 헤어지려는데 갑자기 그제야 뭔가 생각났다는 듯 지갑을 꺼냈다. 그러더니 지금 가진 게 이거밖에 없다며 돈을 모두 꺼내 내 외투 주머니에 넣더니 황급히 인사하고 떠나갔다. 좋은 식사 한 번 사줘야겠다는 생각으로 만났다가 정작 나를 보니 더 짠했나 보다. 가는 길에 주머니에 돈을 확인해 보니 16만 6천 원이었다. 봉투도 없이 구겨진 16만 6천 원. 오래 기억에 남을 거 같다.

MBC엔 훌륭한 기자들이 많다. 나를 아끼는 선배들도 꽤 있다. 한국 최고의 언론사가 MBC라는 믿음은 MBC 기자였을 때나 지금이나 변함없다. 무엇보다 좋은 사람들의 비율이 가장 높은 조직이라고 생각한다.

갑자기 이런 신파(?)를 늘어놓는 건 사실 이번 장의 내용 때문이다. 이번 장에서 김건희 7시간 녹취록 보도의 진실을 밝히려 한다. 그 내용을 보고 MBC를 욕하는 분이 없길 바란다. MBC에는 1,500명의 정직원이 있다. 모든 조직이 그렇듯 MBC에도 이런 사람 저런 사람이 있다.

1

7시간 녹취록을 듣다

이명수 기자와의 운명적인 만남

7시간 녹취록 보도의 시작은 정대택 씨의 전화였다. 그와의 인연
은 2020년에 시작됐다. MBC 스트레이트는 2020년 2월 윤석열 당시
검찰총장의 처가 문제를 집중 보도했다. 송파 스포츠센터 낙찰과정
에서 빚어진 정대택과의 소송전, 승은의료재단 요양급여비 부정수급,
잔고증명위조 등이었다. 당시 사회부 소속이었고 검찰발 후속 보도가
이어질 것이 뻔했기에 김건희와 최은순의 문제를 취재하기 시작했다.
정대택 씨는 윤석열 처가 문제와 관련해 누구보다 많은 자료를 가지
고 있었고 그런 연유로 성수동에 있던 그의 사무실을 꽤나 들락거렸
다. 2021년이 되면서 제보자와 기자로 시작된 인연은 조금 느슨해지
긴 했지만 간간이 연락하고 정보도 주고받고 있었다. 그러던 중 2021

년 10월 전화가 걸려왔다.

"장 기자, 좋은 건이 하나 있는데 관심 있어? 얘기 한 번 들어볼 텨?"

"당연히 좋죠. 언제 뵐까요?"

그렇게 약속을 잡고, 토요일 밤 8시경, 정대택 씨의 사무실로 찾아갔다. 취재보다는 오랜만에 얼굴이나 보자는 생각이 컸다. 큰 기대 없이 들은 그의 설명은 놀라웠다. 서울의소리에 이명수 기자란 사람이 있는데 그가 김건희와 자주 통화를 하고 있고, 녹음된 통화 내용 중에 기사가 될 만한 내용이 꽤 있다는 것이었다. 당시는 윤석열이 국민의힘 대선후보로 선출되는 게 확실시되던 때다. 그런데 그의 부인인 김건희가 서울의소리 기자와 밤마다 통화를 한다? 기자라면 누구라도 관심을 기울일 만한 사안이었다.

그때 정대택 씨가 통화녹음 파일 하나를 들려줬다. 3분 정도 들었을까. '특종이다.' 늦은 밤 기자와 자주 통화한다는 사실만으로도 대박인데 녹음된 내용 또한 가히 충격적이었다. 당시엔 이 기자를 몰랐기 때문에 그에게 소개를 부탁했다.

연차가 쌓이면서 깨달은 것 중 하나가 취재를 서두른다고 늘 결과가 좋지만은 않다는 것이다. 사건 사고 같은 경우 다른 기자들보다 먼저 현장에 도착하는 게 최우선이다. 하지만 사람한테 다가가는 건 성급하게 굴다 일을 그르치는 경우도 많다. 11월 중순경, 밤에 이명수 기자에게 전화가 걸려왔다. 만나자고 했더니 그는 언제가 좋냐고 물었다. 지금도 좋다고 하고, 바로 서울의소리 사무실로 찾아갔다. 밤 11시 반 그를 처음 만났다. 그는 시원시원했다. 인사를 마치자마자 김건희의 녹음파일을 하나 들려줬다.

"보수들은 챙겨주는 건 확실하지, 그렇게 뭐 공짜로 부려먹거나 이런 일은 없지. 내가 봐서는, 그래서 미투가 별로 안 터지잖아 하하. 여기는 (그렇죠) 하하하. 미투 터지는 게 다 돈을 안 챙겨주니까 터지는 거 아냐. (그렇죠. 그렇죠. 하하) 돈은 없지 씨. 어. 바람은 펴야 되겠지. 그니까 이해는 다 가잖아. 나는 진짜 다 이해하거든."

충격적이었다. 세간에 떠도는 본인의 과거에 대한 소문은 아랑곳하지 않는다는 듯 태연하게 돈 안 주니까 미투가 터지는 거라고 말하고 있었다. 여성들을 성매매 종사자 취급하는 발언이었다. 이뿐만이 아니었다.

"아니 그니까 미투도 이 문재인 정권이 먼저 그거를 터뜨리면서 그걸 잡자 했잖아. 뭐 하러 잡자 하냐고 미투도. 아유 사람이 살아가는 게 너무 삭막해. 난 안희정이 불쌍하더만 솔직히. (네) 난 안희정 편이었거든? 아니 둘이 좋아서 한 걸 갖다가 완전히 무슨 얘가 무슨 강간한 것도 아니고…. 나는 좀, 나랑 우리 아저씨는 되게 안희정 편이야. 지금도. (아 그래요?) 당연하지. 그게 왜 미투를 해야 돼?

둘이 서로 좋아 가지고 했으면서 김(지은)이 웃기는 애 아냐, (그쵸. 맞어) 솔직히…. 아니 그래서 뭐 지가 뭐 소리를 질렀어 뭐했어. 둘이 합의하에 해놓고서는 지금 와서 미투라고 그러고. 다 그 당시 전부다 그렇게 해서 걸려든 게 진보 쪽이 걸려들었잖아. (예) 응 너무 미투 너무 그런 식으로 하니까."

내용 하나하나가 폭탄이었다. 감당이 힘들 만큼….

"그거 다 서울의소리에서 나온 거야. 단국대가 웬 단국대. 그 하여튼 서울의소리가 뭔 얘기 원흉이야 다 지금. 모든 내 소문에. 내가 정권 잡으면 거긴 완전히 하하하 완전히 (어?) 무사하지 못할 거야 아마. (아. 열린공감, 하하하. 열린공감은?) 거기는 거기는 이제 권력이라는 게 (네) 잡으면 우리가 안 시켜도 알아서 경찰들이 알아서 입건해요. 그게 무서운 거지."

30여 분 동안 김건희 녹취록을 들었다. 그리고 이명수 기자에게 말했다.

"이 기자님, 앞으로 저랑 10년 동안 함께 가시죠."

이 기자는 껄껄껄 웃었다. 그는 이미 자신의 녹취록을 제보할 지상파 기자를 찾고 있었다. 마음속으로 점찍어 놓은 기자가 둘이었는데 KBS 홍사훈 기자와 나였다. 그러던 중에 내가 먼저 정보를 입수해 연락했던 것이다.

KBS나 MBC 기자에게 7시간 녹취록을 넘기려고 한 이유 중 하나는 아이러니하게도 윤석열의 발언 때문이었다. 2021년 9월 뉴스버스가 고발사주 사건을 특종보도하자 윤석열 전 검찰총장은 9월 8일 국회 기자회견에서 이렇게 말했다.

"뭐 인터넷 매체나 또는 무슨 제소자나 또 의원들도 면책특권 뒤에 숨지 말고 국민들이 다 아는 메이저언론을 통해서 면책특권 뒤에 숨지 말고 또 어디 제소자 들먹이지 말고 국민들 누가 봐도 믿을 수 있는 신뢰성 있는 사람을 통해서 이렇게 좀 문제를 제기하려면 제기했으면 좋겠습니다."

기자회견이 끝난 뒤 기자들이 발언의 의미를 묻자 그는 다시 이렇게 설명했다.

"국민들이 잘 알지 못하는 그런데 들어가서 던져놓고 죽 따라가지 말고 자신 있으면은 처음부터 좀 독자도 많고 이런 데다 바로 들어가라 이 말이에요. 어차피 다 따라올 텐데. KBS MBC에서 바로 시작하든지."

인터넷 언론을 대놓고 무시하는 발언이었다. 인터넷 언론 서울의소리 소속이었던 이명수 기자는 이 발언에 자존심이 많이 상했다고 했다. 그래서 '그럼 당신 말대로 KBS나 MBC에서 보도할게'라고 결심했다고 한다. 7시간 녹취록 제보가 나에게 온 건 5할은 윤석열 덕분이다.

이 기자와의 만남은 약 1시간 반 정도 이뤄졌던 것 같다. 그는 김건희와 어떻게 전화를 시작하게 됐는지, 언제 어떤 식으로 통화하는지, 특이한 내용은 뭐가 있는지, 왜 방송사에 제보하려고 하는지 등을 설명했다. 첫 만남이었지만 밀도가 높았다. 제보를 받기 위해 꾀는 말을 할 필요가 없었다. 이 기자도 내 의중을 떠보는 말은 하지 않았다. 이상하게도 만나자마자 서로에 대한 신뢰가 생겼던 것 같다. 당시 스트레이트 팀에 있었고 12월 초에 보도할 아이템을 취재 중이었다. 방송이 끝나면 다시 만나 구체적인 얘기를 나누기로 했다. 반드시 내게 제보하겠다는 약속은 없었다. 그런데도 제보가 오리라는 믿음이 생겼다.

이명수에겐 뭔가 특별한 것이 있다

당시 김건희는 뜨거운 감자였다. 수많은 논란에 휩싸여 있었지만, 별다른 해명을 내놓지 않았고 언론 노출도 거의 없었다. 그녀와 관련된 새로운 소식이라면 사소한 것이라도 대서특필이 됐다. 많은 정치부 기자들이 어떻게든 취재하고 싶어 안달이었다. 그런데 오직 이명수 기자만 김건희와 수십 차례 통화를 주고받고 있었다. 전화 통화는 7월부터 12월까지 6개월간 이어졌고, 통화 시간은 총 7시간 51분에 달했다. 어떻게 이명수 기자만 가능했던 걸까?

그는 접근법이 다르다. 보통 기자들은 취재 중인 내용을 묻기 위해 전화를 걸었다. 그녀가 어떤 식으로든 답을 하면 곧바로 그 내용이 보도됐고 대화는 그걸로 끝이었다. 하지만 이 기자는 특이했다. 그는 어느 날 갑자기 김건희에게 전화를 해보고 싶어서 했다고 한다. 딱히 물어볼 말도 없었다. 김건희가 전화를 받았다.

이명수 기자 - 김건희 첫 통화(2021년 7월 6일 오후 7시 52분)

김   여보세요?

이   예, 여보세요?

김   네.

이   김건희 선생님이세요?

김   네네.

이   아, 예. 저는 서울의소리 이명수 기자라고 하는데요.

김   네.

이   통화 가능할까요?

김   아니요. 제가 당분간은 언론인의 인터뷰를 안 하거든요.

이   네네.

김   죄송하지만 다음번에 좀 해주세요. 또 저 욕하시고, 하하 또
      저한테 불리하게 하시려고 전화하신 거잖아요.

이   편하게 좀 통화 한번 하려고 하는 거죠.

김   아이고 저 그만큼 많이 공격하셨는데.

이   예. 아니 뭐 억울한 거 있으세요?

김 에이 억울한 게 많죠. 많은데 다 또 입장이 있으니까 이해를 하는 건데 너무 한쪽 말만 듣지 마시고, 다음번에는 다 사실 둘 다 피해자고 둘 다 그래요. 좀 이제 막상 또 나중에 또 저 만나보시면, 또 많은 사실들이 있고 하니까 너무 그렇게 색안경으로만 보지 마시고요. 전 다 이해하니까 나중에 좀 좋게 좀 한번 만나주세요.

이 저희 만나 줄 거예요? 저 서울의소리 진짜 만나 줄 겁니까?

김 하하 만나 드려야죠. 그런데 너무, 너무 이제 서울의소리가 너무 저쪽으로만 했잖아요. 저 사실 옛날에 서울의소리 할 때 제가 후원금도 한번 보냈어요. 제가 몰래, 진짜.

이 몇 년 전에요?

김 몇 년 전이 아니, 아니고 많이 보냈어요. 제 이름 말고 따로 진짜로 맹세하고. 그때 서울의소리에서 백은종 선생님께서 저희 남편 그때 막 그냥 해 가지고, 거기 뉴스타파 찾아가고 막 그래가지고, 제가 너무 감사해 가지고, 제가 딴 사람 이름으로 후원도 많이 했었어요. 솔직히.

김건희는 다음에 전화 하라고 하면서도 대화를 이어갔다. 이 기자도 능숙했다.

김 저희가 많은 서로가 오해가 있어 가지고 이렇게 된 건데, 아무튼

만나면 그냥 저 그냥 저보다 오빠실 거면 더 좋은데? 하하하

이　제가 올해 저는 마흔다섯입니다. 동생입니다.

김　아, 저보다 동생이시구나. 그러면 그냥 '아이 그냥 편안한 누나였구나. 이상한 진짜 악마 쓴 누나는 아니었구나'를 아실 거예요.

　　김건희는 오빠면 좋겠다고 했다가 나이를 확인하곤 자기를 누나라고 칭하기 시작했다. 확실히 멘탈이 남다르다. 이 기자는 두 번째 통화부터 '누나'라고 부르기 시작한다.

김　어쨌든 제가 조금 누난데, 나중에 보면 저 아마 되게 좋은 누나일 거예요. 저 그렇게 이상한 사람 아니에요. 정말 (그렇죠. 예 저도 그렇) 이상한 사람도 아니고, 그 뭐 뭐죠 요즘 뭐 어쩌구저쩌구하는데 그거 헛소문이 거의 대부분이에요. 거의 다. 나중에 사람이 만나보면 알잖아요. '아 이 사람이 그렇겠구나'를 생각하면 되는데, 이게 안 만난 상태에서는 상대방을 오해하고 악마화하고 막 이러니까, 다 근데 저는 그거를 다 이해해서 제가 원망하는 게 아니라 이해해서 말씀 드리는 거고요. 하여튼 시간이 되면 저랑 나중에 좋게 차 한잔하세요. 이런 거 기사화하지 마시고 제가 그냥 개인적으로 한 이야기니까요.

이　네 뭐 저 진짜로요. 안 할 거고요.

김 네. 그러세요. 의리 지키세요.

이 딱 한 가지만 물어볼게요. 우리 진영에서 계속 제가 편하게 동생이라 호칭했으니까 '라마다 줄리' 그것도 저한테 좀 이야기 좀 해주세요.

김 에이 제가 이야기하면 그대로 써주실 그대로 믿으실 거예요? 안 믿잖아요.

이 아니 그거는 믿고 안 믿고는 제 자유니까, 그냥 편하게.

김 그거는요. 그냥 자연스럽게 다 증명되게 돼 있을 거라 저는 믿고요. 거기 그 저기 뭐죠. 한번 제대로 취재해보세요. 그거 아니라는 게 아마 나올 거예요. 뭐든지 취재를 하시면 될 거 같고요. 그거는 제가 그렇다 아니다 하면 누구의 말에 반대되는 말을 하는 거잖아요. 저는 거기에 대해서 화를 낼 필요도 없고 자연스럽게 해결될 거라고 저는 100% 제가 알잖아요. 그래서 저는 별로 걱정 안 해요. 그니까 저는 그런 모든 문제를 떠나서 저는 이제 인간과 인간과의 갈등이 있고 싸우고 이런 거를 제가 힘들어해서 그런 거니까, 그냥 다음에 언젠가 한번 만나고 싶은 누나가 있다, 그냥 그 정도만 생각해주시면 저랑 만나면 이미지 많이 달라질걸요, 아마. 생각보다. 정말로.

이 제가 전화번호 어제 그저께 알았는데, 어제 한번 통화, 오늘 제가 했죠. 그래서 제가 전화 못 받는다 그래 가지고 제가, 이 전화 받아서 깜짝 놀랐습니다.

김 제가 한번 받아 본 거고요. 이건 뭐 기사도 아니고 취재도 아
니고 하니까,

김건희는 기자에게 할 말 다 하면서 기사화하지 말라고 했다. 이
기자는 그 와중에 '줄리'가 맞냐고 물어봤다. 김건희는 차분하게 취재
해보라고 답한다. 고수들의 경지가 이렇다.

김 이거는 저랑 기자님과 개인적 인연으로 생각하고, 제가 전화
끊을게요. 예, 나오게 하지 마세요. 약속하셨어요. 약속 얼마
나 잘 지키시나 봐야 되겠네.

이 저 남자입니다.

김 그렇죠? 아 멋있어요.

이 염려하지 마세요. 제가 저쪽 총장님 지지하는 친구들한테 우
리 대표님은 한 1년 6개월 동안 50, 60건 고소당했고, 저도
십여, 열몇 건 해서 우리 직원들까지 해서 수십 건 정도 될
거예요. 그러면서 그 친구들 한 번도 고소 안 했습니다.

김 그러니까 그런 것도 다 풀면 얼마나 좋아요. 서로가 이게 무
탈한 이렇게 싸움을 해요 그렇죠? 서울의소리나 저희나 서
로 고소 취하하고 정말 발전적인 일이 됐으면 좋겠어요, 진
짜. 진짜 좋은 일해주세요, 많이. 의협심도 많으시고 그런 거
니까요. 그렇게 해주세요. 아셨죠?

이   네. 약속 지키겠습니다. 고맙습니다.

김   아이고 감사합니다. 저 그 남자라는 말이 참 마음에 드네요.

이   네. 예 감사합니다.

  이 기자는 '저 남자입니다'라고 했고 김건희는 '아 멋있어요'라고 했다. 1970년대나 통할 레토릭인데 이게 또 먹힌다. 감히 흉내 낼 수 없는 경지다. 첫 통화는 이렇게 끝났다. 17분 49초 만이었다. 이 기자는 다른 기자들처럼 섣부르게 질문 공세를 펼치지 않았다. 어떤 사람인지를 궁금해했고 알고 싶어했다. 그래서 인간적인 얘기를 많이 했고 자신에 대한 설명도 적극적으로 한다. 그렇다고 변죽만 울리지도 않는다. 이상한 타이밍에 '줄리' 같은 당황스러운 질문을 갑자기 던지기도 한다. 성급함도 없다. 다른 기자들처럼 오늘 꼭 써야 할 기사가 있는 게 아니기 때문이다. 충분히 시간을 갖고 관계를 발전시켜 나간다. 이 같은 그의 취재는 기존 언론의 문법에 맞지 않는다. 기성 기자들은 이런 식으로 취재하지 못한다. 설령 하는 기자가 있더라도 폭로하지 못한다. 기성 언론이 하지 않는 방식으로 자유롭게 취재원에게 접근하는 건 이 기자가 가진 최대 장점이다. 봐서 알겠지만 둘은 첫 통화부터 죽이 잘 맞았다. 7시간 녹취는 이렇게 시작됐다.

2

제보를 받다

제보의 조건

취재 중이던 아이템 보도를 마치고 2021년 12월 6일 이명수 기자에게 연락했다. 며칠 뒤 상암동에서 이 기자를 만났다. 유튜브 '시사타파TV' 운영자 이종원 대표도 함께했다. 이 기자와 이 대표는 십년지기였다. 집회 시위 현장, 이른바 아스팔트 바닥에서 친해진 사이였다. 이 기자는 전략적인 판단을 할 때 이 대표의 조언을 많이 참고했다.

이 기자는 처음 김건희와 통화를 시작할 때만 해도 일이 이렇게까지 커질 줄은 몰랐다고 했다. 하는 데까지 해보자고 마음먹고 시작한 통화가 한 달, 두 달, 석 달을 넘어 11월까지 계속되자 여러모로 상황이 복잡해졌다. 분명한 건 이 녹취록이 엄청난 특종이라는 사실이었다. 이 기자는 자신이 한 특종을 어떻게 보도해야 할지 고민이 많았다. 서울의소리가 단독으로 보도하기엔 사이즈가 굉장히 큰 특종이라는 건 알고 있었다. 한편 주변의 조언을 구하는 과정에서 녹음파일을 일부 들려주거나 참고하라고 보내주기도 했었다. 이 때문에 이미 진보 유튜버들 사이에선 꽤나 소문이 나 있었다. 이 대표는 이런 상황을 깔끔하게 정리했다.

1. 지금 파일이 여기저기 돌아다니는데 지금부터 아무도 허락 없이 사용 못 하도록 단속해라.
2. 유튜브나 인터넷 매체에서 녹음파일 짜깁기해서 흥미 위주로 보도할 내용이 아니다. 지상파 방송사에서 시간과 공을 들여 제대로 보도하도록 한다.
3. 한 기자에게 녹음파일을 다 제공하지 말고 60~70% 정도만 제공한다. 그리고 다른 언론사 기자에게 나머지 30~40%를 제공해서 다른 언론들이 후속 보도를 할 수 있도록 한다.

이 같은 판단을 내린 이명수 기자와 이종원 대표는 KBS나 MBC 기자 중 제대로 보도할 수 있는 사람을 찾고 있었다. 그 후보가 KBS 홍사훈 기자와 나였다. 운이 좋은 건 나였다. 둘이 이런 논의를 하던 중에 내가 정대택 씨를 통해 먼저 이 기자에게 연락을 넣었다. 이 기자가 처음부터 내게 호의를 보였던 데는 이 같은 이유가 있었다. 이 대표의 판단을 듣고 두 가지 점에서 놀랐다.

첫 번째는 진정성이었다. 그전까지 유튜버들이 공익성보다 자기들의 이익, 흔히 말해 슈퍼챗을 위해 방송한다고 생각했다. 그런데 이 기자도 이 대표도 그럴 생각이 아예 없었다. 7시간 녹취록을 서울의소리나 시사타파TV(이 대표가 운영하는 유튜브 채널)에서 보도하면, 슈퍼챗 터지고, 본인들 스타 되고, 채널 영향력 커지고, 이후 후원금도 물밀듯이 들어올 게 확실했다. 그런데 이들은 아무런 미련 없이 녹취록을 남 줄 생각을 하고 있었다. 7시간 녹취록 보도는 철저하게 공익적으로 접근해야 하고 그러기 위해선 지상파 방송에서 제대로 검증해서 보도해야 한다고 굳게 믿고 있었기 때문이다.

이들의 얘기를 들으며 내가 나도 모르게 유튜버들을 깔보고 있었다는 사실을 깨달았다. 이 기자를 처음 만났을 때 서울의소리에서 보도하되 날짜를 맞춰 MBC도 같이 하자고 제안했다. 유튜브는 유튜브대로 하고, 지상파는 지상파대로 하면 결국 둘 다 윈윈이라고 판단했던 것도 있지만 큰 특종이 될 게 확실한 7시간 녹취록을 서울의소리와 이명수 기자가 조건 없이 MBC에만 줄 리 만무하다고 생각했기 때문이었다. 어떻게든 MBC가 이 보도를 하려면 서울의소리와 함께 하는 방법밖에 없다고 생각했다. 그런데 이 기자와 이 대표의 대답은 명확했다.

'MBC가 하면 우리는 안 한다. 어떤 유튜브 채널에서도 못 하게 할 생각이다. 7시간 녹취록은 유튜버들이 슈퍼챗 벌기 위해 자극적으로 떠들어대는 보도가 되면 안 된다. 가장 영향력 있고, 신뢰감을 줄 수 있는 지상파를 통해 알릴 것이다.'

당시 내색은 안 했지만 유튜버들을 깔보고 있던 오만함이 부끄러워졌다. 자기가 취재한 내용을 오직 공익을 위해 영향력이 더 큰 매체에 넘긴다는 건 이 바닥에선 본 적 없는 일이었다.

두 번째로 놀란 것은 이종원 대표의 전략적 판단이었다. 그는 언론과 기자들의 속성을 꿰뚫어 보고 있었다. 한 언론사가 1보를 특종으로 보도할 수 있도록 60~70%의 녹취록을 제공하되 다른 언론들이 2보, 3보를 쓸 수 있도록 30~40%의 녹취록을 남겨뒀다가 제공한다는 판단은 정확했다.

이 대표의 전략은 특종 보도를 할 때 기자들이 쓰는 수법이기도 하다. 한 언론사가 처음부터 끝까지 다 보도하면 재미를 못 본 다른 언론사들이 안 받아쓴다. 그래서 일부러 취재를 다 해놓고도 2보, 3보를 다른 언론사가 보도할 수 있도록 흘리는 경우가 있다. 다른 언론사들이 후속보도를 해줘야 진짜 특종도 되고 우리 언론사의 단독 보도도 더 빛나기 때문이다.

이 기자와 이 대표의 제안을 반대할 이유가 없었다. 1보를 MBC가 단독으로 쓰게 해준다는데 이보다 더 큰 수확은 없었다. 공익을 위해 자기를 희생하며 진정성을 보이는데 MBC의 단독 욕심을 위해 녹음파일을 100% 다 달라고 할 수는 없었다. 다만 MBC에 먼저 단독으로 제공해 줄 60%의 녹음파일에 김건희의 주요한 발언들이 담겨 있었으면 좋겠다고 얘기했다. 이 기자와 이 대표는 1보를 쓸 건데 당연하다며 동의했다.

국민 장인수와 기자 장인수

일주일쯤 뒤 녹음파일의 70%가량을 받았다. 내용을 검토하면서 녹취록을 만드는데 기가 막히고 충격적이었다. 특종이란 얘기니 기자로서는 기뻤지만 국민의 한 사람으로서는 암담했다. 윤석열 당시 대선후보의 당선 가능성은 적게 잡아도 50%였다. 가장 우려스러운 건 김건희가 무속에 심각하게 빠져 있었다는 점이다. 대화의 주요 내용은 기승전 무당, 사주, 팔자, 손금이었다. 단순히 흥미만 가지고 있었던 게 아니었다. 무속은 김건희의 삶과 판단에 심각한 영향을 미치고 있었다.

문제는 이를 어떻게 보도로 옮기느냐였다. 무속에 심취해 있다는 건 OX처럼 명확하게 구분되는 팩트가 아니었다. 그렇다고 무시할 수도 없었다. 그녀가 무속에 심각하게 빠져 있다는 사실은 국민이 투표 전에 알고 있어야 할 중요한 정보였다. 이를 보도해 윤석열 후보를 대선에 떨어뜨리자는 심산이었던 건 아니다. 기자의 역할은 어디까지나 중요한 정보를 정확하게 알리는 데 있다. 그녀가 무속에 빠져 있다는 정보를 접한 무속인들이 단체로 지지 성명을 발표하든 기독교 목사들이 김건희 부부를 비난하든(이런 상식적인 일은 대한민국 기독교계에선 일어나지 않는다) 그건 뉴스를 접한 소비자들이 선택할 문제였다. 개인으로서 어떤 생각을 했든 기자로서는 최선을 다해 정확한 팩트를 전달하면 그뿐이었다. 7시간 녹취록을 들으며 나의 신념과 가치관이 보도에 담기면 안 된다고 경계하고 또 경계했다.

제보의 조건

이명수 기자는 녹취록을 제공하기 전에 MBC에 두 가지를 요구했다. 첫 번째는 스트레이트가 한 회분을 통틀어서 보도하라는 것이었다. 이 기자는 처음엔 스트레이트에서 2주간 보도해 줄 것을 요청했다. 어려울 수 있다며 난색을 표했다. 그러자 이 기자는 흔쾌히 한 번 보도하되 45분의 시간을 온전히 7시간 녹취록 보도에 할애하라고 요구했다. 또 스트레이트 보도 후 뉴스데스크에서도 후속 보도를 이어가 달라고 했다. 그가 원하는 바는 명확했다. 이 사건을 일반적인 보도로 취급하지 말고, 특종으로 비중 있게 다루라는 의미였다. 들어주지 않을 이유가 없었다. 두 번째는 김건희 녹취록 보도로 이 기자에게 고소 고발이 들어와 수사와 소송이 진행되면 MBC가 변호사 조력을 책임져 달라는 것이었다. 이 건은 나 혼자 판단할 수 있는 사안은 아니었다.

회사에 두 가지 요구 사항을 보고했다. 보도야 기자들이 결정하는 것이니까, 스트레이트와 뉴스데스크에서 보도해달라는 요구는 바로 수락이 됐다. 변호사 조력을 제공하는 문제는 기자들이 결정할 수 없는 것이라 법률팀이 검토했다. 법률팀은 PD수첩에서도 비슷한 전례가 있었다며 문제 될 것이 없다는 답변을 보내왔다. 이 기자에게 두 가지 요구 사항을 들어주기로 했다고 전했다. 이명수 기자와 장인수 기자 사이에, 또는 서울의소리와 MBC 사이에 약속이 맺어졌다.

일생일대의 특종을 앞둔 기자의 마음을 어떻게 표현할 수 있을까? 홀가분한 마음으로 작가와 함께 녹취록을 완성해 부장에게 넘겼다. 이때까지만해도 분위기는 좋았다.

3

달라진 분위기

2021년 12월 김건희와 26분간 통화한 오마이뉴스 구영식 기자는 이를 단독 보도했다.

구 기자는 이후 MBC 시선집중 등에 출연해 취재 후기를 전했고 많은 언론이 이를 받아썼다. 딱 한 번 26분간 통화한 내용만으로도 언론은 호들갑을 떨었다. 그만큼 김건희는 세간의 관심을 받고 있었다. 그런데 50여 차례 걸쳐 7시간 45분 동안 통화한 내용을 단독으로 구해왔다. 누가 봐도 큰 특종이었다. 회사도 처음엔 그렇게 받아들이는 분위기였다.

부장에게 대략적인 내용을 처음 보고한 뒤, 특별히 보안이 중요하다고 강조하며 보안유지를 부탁했다. 부장도 동의했다. 그런데 바로 다음 날 사건이 터졌다. 스트레이트의 기자는 6명. 그러니까 6주에 한 번씩 보도를 한다. 스트레이트 기자들에겐 자신이 언제 보도하느냐가 굉장히 중요한 문제다. 보도 날짜에 따라 취재 계획은 물론 휴가와 같은 사생활 계획까지 모든 게 결정되기 때문이다. 스트레이트 기자 중 한 명이 내가 뭔가를 준비한다는 분위기를 감지하고 내게 보도 날짜가 언제인지를 물어봤다. '잘 모르겠다'고 답했다. 그런데 그 기자는 부장에게 가서 '자신의 보도 날짜가 변경되는 거냐'고 물어봤다. 기자 한 명의 보도 날짜가 변경되면 나머지 5명의 보도 날짜도 그에 따라 바뀐다. 부장은 즉시 휴가자 포함 전 부원을 소집했고 크게 화를 냈다. 정보가 샜다고 판단한 것이었다. 부장은 내게도 취재 정보를 누군가한테 얘기한 적 있냐고 다그쳤다. 있는 그대로 설명했다. 부장이 과도하게 호들갑을 떤다는 느낌이 들었다. 이때까지만 해도 그만큼 중요한 보도라고 판단해 보안을 무리해서라도 강조한 것이라고 여겼다.

녹취록을 보고한 뒤 첫 회의. 분위기는 180도 달라져 있었다. 부장은 기사가 안 된다고 했다.

"이거 보도가 가능하겠어? 특종인 줄 알았는데 별 내용이 없네."

부장과 나 사이에 본격적인 의견 충돌이 시작됐다. 부장은 쓸 '김건희 말'이 없다고 했다. 나는 주옥같은 '김건희 말'들이 많다며 열거했다. 하지만 부장은 그 워딩이 기사가 안 되는 이유를 얘기했다.

김건희 워딩

(열린공감은?) "거기는 거기는 이제 권력이라는 게 (네) 잡으면 우리가 안 시

켜도 알아서 경찰들이 알아서 입건해요. 그게 무서운 거지."

"하여튼 서울의소리가 뭔 얘기 원흉이야 다 지금. 모든 내 소문에. 내가 정권
잡으면 거긴 완전히 하하하 완전히 (어?) 무사하지 못할 거야 아마."

부장의 주장

서울의소리나 열린공감 같은 데를 상대로 무사하지 못할 거라고
말하는 건 얘기 안 된다. 한겨레나 MBC 같은 언론사면 몰라도.

김건희 워딩

"보수들은 챙겨주는 건 확실하지, 그렇게 뭐 공짜로 부려먹거나 이런 일은
없지. 내가 봐서는, 그래서 미투가 별로 안 터지잖아 하하. 여기는 (그렇죠) 하
하하. 미투 터지는 게 다 돈을 안 챙겨 주니까 터지는 거 아냐. (그렇죠 그렇죠
하하) 돈은 없지 씨. 어. 바람은 펴야 되겠지. 그니까 이해는 다 가잖아. 나는
진짜 다 이해하거든. (네) 그니까 그렇게 되는 거야."

부장과 나의 대화

부장 자극적이라 지상파에서 방송하기에는 부적절한 거 아니냐.

나 양재택 검사와의 동거와 체코 여행, 주가조작 등 자신과 관련
한 의혹에 대해 처음으로 육성으로 입장 밝힌 건 의미가 있다.

부장 새로운 내용 없고 의미 없다.

나 무속에 심각하게 빠져 있다.

부장 지상파에서 다룰 내용 아니다.

팔짝 뛰고 환장할 노릇이었다. 핵심 워딩들이 기사가 안 된다는데 나머진 말할 것도 없었다. 부장은 "쓸 워딩이 없다"고만 했다. 이때부터 회의만 시작하면 똑같은 얘기의 반복이었다.

"할 수 있겠어?"

"네."

"어떻게 할 건데."

"김건희의 이런 워딩은 의미가 있으니까 취재해서….”

"그 워딩은 얘기 안 된다고 이미 얘기했잖아.”

회의엔 부장, 데스크, 나 셋만 참석했다. 언제나 부장과의 의견충돌로 시작했고 결론 나는 건 없었다. 나와 부장은 얼굴이 벌게진 채로 회의실을 나오는 경우가 많았다.

"얘기가 안 되는데 어떻게 할 거야."

기자 생활을 하면서 이 말을 이렇게 많이 들어본 적은 처음이었다. 사실 저 말은 기자에게 필요가 없다. 얘기가 안 된다고 판단하면 부장은 보통 킬(보도하지 않기로 결정함)하기 때문이다. 이렇게 3~4일을 싸운 뒤 '이 보도는 MBC에서 어렵겠다'는 생각이 들었다.

"차라리 킬을 하시죠."

"지금까지 나한테 그렇게 얘기한 기자는 딱 2명 밖에 없었어. 그런 식으로 얘기하지 말고."

뭐 어쩌라는 건가. 킬도 안 한다. 하는 것도 아니고 안 하는 것도 아니고. 이렇게 어정쩡한 분위기에서 취재(?)는 시작됐다.

금지당한 취재

취재가 시작되고 가급적 회사 사무실에 나가지 않으려고 했다. 주된 이유는 보안 때문이었다. 회사에 있으면 친한 동료들과 마주치게 마련이다. 그럼 보통 "이번 아이템은 뭐야?"라며 인사말을 건넨다. 그때마다 거짓말할 수도 없고 둘러댈 수도 없었다. 둘러대면 화제작을 준비한다는 걸 금방 눈치챈다. 그런데 첫날부터 데스크에서 전화가 왔다. 부장이 찾는다는 것이었다. 그리고 가급적 회사 들어와서 부장 질문도 받고 분위기도 맞춰주라고 했다.

회사에 들어갔는데 별일도 아니었다. 그냥 괜히 부른 거였다. 부장은 가급적 특별한 일 없으면 회사 사무실에 있으라고 했다. 보통 아이템이 결정되고 취재가 시작되면 부장이나 데스크는 취재기자를 잘 찾지 않는다. 인터뷰하고 촬영하고 취재하느라 돌아다녀야 하기 때문이다. 그런데 7시간 녹취록 취재 과정은 기존 상식이나 관례를 모두 뒤집었다. 회사에 있어봐야 할 거라곤 부장과 서로 껄끄러운 대화를 나누는 게 다였다.

취재 초반 부장은 특이한 지시를 내렸다. 앞으로 뭘 취재할지 다 적어 오라는 것이었다. 수습기자한테도 잘 시키지 않는 지시였다. 기분 나빴지만 그냥 '민감한 취재니까 취재 과정 전반을 다 보고받고 논의하려고 하나 보다' 생각했다. 다음 날 취재 계획을 적어 갔다. 내용은 대략 다음과 같다.

1. 유시민을 인터뷰한다. (김건희는 유시민 작가에게 악담을 퍼부었다.)

2. 조국 전 장관을 인터뷰한다. (김건희는 조민이 부모 잘못 만나 불쌍하다고 말했다.)

3. 김건희의 학력 경력 위조와 부풀리기 내용을 취재하고 이를 집중적으로 취재한 오마이뉴스 유○○ 기자를 인터뷰한다. (김건희는 자신의 학력 경력이 문제없다고 말했다.)

4. 여성계 인사들을 인터뷰한다. (김건희는 보수는 돈 주니까 미투가 안 터지는 것이라고 말했다.)

5. 양재택 전 검사와 함께 체코 여행 다녀온 사실과 관련해 그녀의 출입국 기록 문제를 취재하고 정대택 씨를 인터뷰한다. (김건희는 양 전 검사와 함께 체코에 다녀온 사실을 인정했다. 법원은 과거 이를 확인하기 위해 출입국관리소에 2차례 김건희와 양 전 검사의 출입국 기록을 제출하라고 요청했지만 무슨 이유에선지 출입국관리소는 김건희의 출입국 기록은 제출하지 않았다.)

6. 양재택 검사 미국 체류 당시 현금을 송금한 내용에 대해 취재하고 관련자를 인터뷰한다. (김건희는 양재택은 물론이고 그 부인과도 친해 부인에게 송금해준 것이라고 말했다.)

7. 김건희가 이 기자에게 준 강의비 105만 원이 정치자금법 위반 소지가 없는지 취재하고 전문가를 섭외해 인터뷰한다. (이 기자는 2021년 8월 30일 코바나컨텐츠에 방문해 직원들을 대상으로 윤석열의 이미지 개선에 대한 강의를 한다. 김건희는 이때 이 기자에게 강의비로 105만 원을 건넨다. 공직선거법상 선거운동을 위해 기자에게 금품을 제공하거나 제공할 의사를 표시해선 안 된다.)

이런 식으로 10여 가지 취재 계획을 작성해 부장에게 제출했다. 부장은 쓱 보더니 전부 다 취재하지 말라고 지시했다. 취재를 금지당한 것이다. 그리고 직접 취재 지시를 내렸다. 취재 지시는 다음과 같다.

이명수 기자는 2021년 8월 30일 서초동 코바나컨텐츠 사무실을 방문해 김건희를 만났다. 그 당시 이 기자는 코바나컨텐츠 직원들을 상대로 강의했다. 당시 코바나컨텐츠 직원 3명과 윤석열 캠프에서 왔다는 젊은 남녀 2명이 이 기자의 강의를 들었다. 부장은 이 젊은 남녀 2명이 누군지 알아내 현재 윤석열 캠프에서 어떤 역할을 맡고 있는지 확인하라고 지시했다. 윤석열 대선 캠프에 소속된 사람이 김건희의 지시를 받고 코바나컨텐츠에 온 것이라면 문제가 있는 것이라며 이 내용을 중심으로 기사를 작성하도록 해주겠다는 것이었다.

부장이 제정신이 맞나 싶었다. 김건희가 한 문제적 발언들이 많은데 아무도 관심없는 20대 청년 2명이 누군지를 알아내서 그걸 주요 내용으로 기사를 쓰겠다? 아무리 생각해도 정상적인 판단이 아니었다. 당시에는 부장의 정확한 의도를 몰라 답답해했다. 지금 생각하면 수법이었다. 마음에 안 드는 기사 아이템을 본인이 직접 킬하지 않고 의미도 없고 취재가 가능하지도 않은 내용을 알아보라고 지시하는 것이다. 그래서 결국 기사가 못 나가도록 하는 전략이다. '내가 킬한 게 아니라 네가 취재를 못 해서 보도가 안 나간 거야'라는 상황을 만드는 것이다.

비슷한 경험이 있다. 2010년 당시 사회부 사건팀 소속 기자로 4대강 사업 관련 취재에 주력하면서 소소한 단독 기사들을 발굴해 보도하고 있었다. 그런데 별다른 이유 없이 시경 캡(사건팀 선임기자)이 경질됐다. MB 정부가 들어서고 김재철이 MBC 사장이 된 뒤 눈치를 보며 MB 정권을 비판하는 기사를 어떻게 해서든 보도하지 못하게 하던 때였다.

새로 온 시경 캡과의 첫 아이템 회의에서 그동안 취재했던 아이템을 발제했다. 제목은 '4대강 사업 찬성하다 4대강 때문에 망한 사람들'이었다. 4대강에서 모래를 채취하던 업체 40여 곳은 당초 4대강 사업을 열렬히 환영하다가 사업 시작되고 모두 망했다. 모래 채취 일감이 모두 대기업들에 갔기 때문이다. 남한강에서 수상보트 등 레저 사업을 하던 업체들 타격도 컸다. 공사가 시작되자 수심이 들쭉날쭉해 수심이 급격하게 내려갈 때는 거기 있는지 몰랐던 암초들에 보트가 부딪히는 안전사고가 종종 발행했다. 4대강 인근 식당들의 타격도 컸다. 이렇게 처음엔 4대강 사업에 찬성했지만, 4대강 사업이 시작되자 사업을 접거나 심각한 타격을 입은 사람들이 꽤 있었다. 보도가 된다면 재미도 있고 졸속으로 진행되는 4대강 사업의 문제점도 보여줄 수 있는 기획 기사였다.

시경 캡은 아이템을 듣더니 4대강 사업 현장에 공사 특수를 노리고 대형 쇼핑몰이나 극장 같은 걸 지었다가 망한 업체가 있는지 알아보라고 했다. 그런 업체가 있으면 기사를 내주겠다는 것이었다. 그런 업체가 없다는 건 시경 캡도 알고 나도 이미 아는 사실이었다. 다음 아이템 회의에서 조용히 있자 시경 캡은 확인 사살을 했다. "쇼핑몰이나 극장 같은 거 지은 데가 있는지 알아봤어?"

그 아이템은 그렇게 사라졌다. 아이템 자체는 별 대단한 건 아니었다. 보도가 안 됐다고 크게 아쉬울 건 없었다. 그런데 그 순간을 잊을 수가 없다. 아이템을 킬하기 위해 나를 가지고 논 그 방식을 생각하면 지금도 분하다.

당시는 MB 정부였고 사장이 김재철이었다. 시경 캡이 대형 쇼핑몰 같은 헛소리를 하자마자 바로 그 의도를 알아차렸다. 그 순간 이 아이템은 못 나가는 거구나 하고 바로 마음을 접었다. 그런데 지금은 문재인 정부고 사장은 해직 기자였던 박성제 선배. 경영진들이 쌍수를 들어 좋아할 만한 기사 아닌가? 젊은 남녀가 누군지 알아 오라는 부장의 취재 지시를 들으며 헷갈렸다. 머리가 나쁜 건지 다른 의도가 있는 건지. 머리가 그렇게까지 나쁜 사람은 아니었다. 그렇다면 어떤 다른 의도가 있는 거지? 사장이 박성제 선배인데?

계속해서 이런 쓸데없는 고민을 하며 아까운 시간만 흘렀다. 취재라고 한 건 아무것도 없었다. 사무실에 출근해서 자리에 앉아 있다가 부장이 질문하면 대답하는 게 전부였다. 3주간의 소중한 시간이 그렇게 아무것도 준비 못 한 채 지나갔다. 이는 이후 보도에서 별다른 설명 없이 김건희의 발언만 나열식으로 방송한 결정적인 이유가 된다. 취재한 게 없으니까.

부장은 이명수 기자에게 적대적인 모습을 보이기도 했다. 한 아이템 회의에서 그는 내가 써 온 걸 휙 던지더니 자기가 준비한 기획안을 가져와 보여줬다.

〈부장의 기획안〉

당시 7시간 녹취록과 관련한 모든 보고와 지시는 부장 지시에 따라 구두로 이뤄졌다. 이 때문에 남아 있는 기록이 거의 없다. 부장이 실수로 회수하지 못한 이 기획안이 유일한 기록이다. 편집 없이 그대로 수록한다(오타도 수정하지 않았다).

기획안

1. 이상한 공조

〈김〉

-김은 이를 사적 정보원으로 활용, 정의 행보를 자세히 보고받고 국회 관련 자료도 입수

-김은 이를 캠프로 와서 일하라며 수차례 제의, 실제로 사무실에서 수행 등이 참석한 강의도 하게 함.

"캠프로 오지 말고 사무실로 와서 그런거 움지이는 사람들, 예를들어 우리오빠 여기서 지시하며 다 캠프 조직하니까"/비선 의혹

-김은 입당 전 캠프에 대한 불만토로하며 영입 제의

"우리 캠프가 엉망, 경험자없고 아마튜어, 당에 입당한 것도 아니고, 국민의 힘이 좋은 당도 아니고"

"국정원 같은 정보원 노릇해라" "양다리 걸쳐라. 권력이란 게 무섭다"

-김은 그러나 이외 실제 이의 가치를 그케 보지 않은 듯, 청 들어가면 어떻게 될지 모른다는 취지로 암시

"청와대 들어가면 연락안될 거 아냐? 모른척 안할 게/도움 많이 되지, 근데 거기 있는 한 내가 널 어떻게 도와주냐, 하여튼 생각해 보자고

〈이〉
-이도 취재윤리를 위반하고 정의 정보+타 언론사 열린공감 취재동향+ 김모 의원의 동향까지 전달함,
캠프 활동에 대한 조언도 함
"이재명까라" "지지자 악수말고 주먹인사/사진찍어줘라"
-이도 경선당시 "홍준표 까는 방송하겠다" 공어낳자 "홍준표에게 날카로운 질문좀 해봐, 우리좀 그만해라"
-문제있는 유튜버 명단도 문자로 보내줌. 홍준표 까는 게 슈퍼챗도 많이 나올거다. "
-이는 실제 얼마줄 수 있겠냐?고 물었고 김은 1억도 줄 수 있다고 했지만 실제로는 뭉갠 것으로 보임.
-이는 협조관계이면서 동시에 보험용으로 녹취했다가, 관계가 소원해지자 언론 제보한 것으로 판단 됨.

1-2 친해진 계기
-서울의소리가 뉴스타파 응징 김이 감동해 후원까지

2.궁금한 내용

-강의 석상에 오빠(gs건설)가 참석했는가? 그 오빠가 지금 언론 인터뷰에 나온 사람인가?

-정○○은 따로 접촉이 되는 가?

-토리 사과는 이 조직 작품인가?

-이는 실제로 김모 의원에게 연락했는가?

3. 문제가 될 만한 발언(2021년 11월 15일)

〈의혹보도한 언론사에 대한 협박성 발언〉

"서울대 석사 나왔는데도 그거 학력위조라고 난리, 단국대 뭐 그거 다 서울의소리(실은 열린공감)에서 나온 거야, 하연튼 서울의소리가 원흉이야. 모든 내 소문의. 내가 정권 잡으면 거긴 완전히

하하하 완전히 무사하지 못할 거야 아마. 거기는 권력이라는 게 잡으면 우리가 안시켜도 알아서 경찰들이 알아서 입건을 해요. 그게 무서운 거지. 그러니까 그게명백한 명예훼손이면"

서울의소리나 가로세로 연구소나 같아 어느 한편의 빵빠레가 되어서는 안돼, 가로세로 연구소 기생충같은 놈들이잖아.

〈의혹제보한다면 한동훈 연락처 달라고 하자, 나한테 달라 내가 전달 지시하겠다.〉

그럼 나한테 줘 아니 나한테 주는 게 아니라, 내가 번호를 줄테니까 거

기다가 해 내가 한동훈이한테 전달하라 그렇게. 그래요? 몰래 해야지 동생 말 조심해. 너도 어디가서 말 조심해야돼.

〈김부선〉

=노무현 장례식날 김부선네 집에서 놀았다는 거 아니냐?

-누나 그거 아닌데?=뭘 아냐-그건 김부선 얘기고, 누나도 당할 수 있어

=아냐, 4차원인건 맞는데 그거 아는데, 이재명하고 한 얘기는 그건 다 사실이야. 응 100%.

아니라고 그러면 이재명은 고소해야지 왜 안해 내가 알아. 그건 확실.

4.해명

5.번외

-적은 내부에 있다.

조국이 윤석열 후보 만들어

조국 수사 펼칠 게 아니었는데, 유시민이 너무 키워 구속 안되고 넘어 갈텐데, 상대방을 적대시

김어준도 프로그램 보는 사람 많으니, 자본주의 논리로 사건을 키워. 장사. 조국도 어떻게 보면 불쌍.

박근혜 탄핵시킨 건 보수, 진보가 아니라,

안희정은 문빠가 죽인거지 안희정을 대통령 후보에서 잘라버리려고 지그들 리그에서 내친거다.

안희정이 불쌍 안희정뽑고 싶었다,.

미투도 문제인 정권이 터뜨려, 다 합의하에 해놓고, 무슨 미투.

-노무현

-안희정과 김지은 미투에 대한 평가

진보진영은 돈을 안줘서 그렇다. 김부선도 확실하다.

-성경공부 오래해 / 그러나 점 잘봐/아마춤어

-정대택에 대한 분노

"정대택이 우리 가족 도륙"

"골로갈 거다. 일반사람들은 바보, 우리가 이해충돌때문에 고소못한 것."

-총괄 선대본부장 수락한 김종인에 대해서 "원래 오고싶어 했어

"여기가 자기 그건데 먹을 거 있는 잔치판에 노는 거지 그러니까

———————————— 끝 ————————————

이 기획안을 보면 의도가 확실하다. 김건희와 이명수 기자 사이에서 기계적 중립을 지키겠다는 것이다. 하지만 대중의 관심은 김건희지 이 기자가 아니었다. 당시만 해도 이 기자는 유명인도 아니었다. 그런데도 둘이 마치 여야 정쟁을 벌이는 것처럼 같은 비중으로 보도하겠다는 기획안이었다.

이 기자의 취재를 '-이는 협조관계이면서 동시에 보험용으로 녹취했다가, 관계가 소원해지자 언론 제보한 것으로 판단 됨'이라고 분석한 것은 명백한 왜곡이다. 이 기자는 김건희와의 통화 사실을 초반부터 주변의 진보 유튜버들과 기자들에게 알렸다. 녹음파일 일부를 제공하기도 했다. 관계가 소원해지자 제보한 게 아니라 처음부터 제보할 생각이었다. MBC에 보도를 의뢰했을 때도 김건희와 관계가 소원해진 게 아니라 여전히 잘 통화하고 있었다. 나에게 이같은 내용을 다 보고받아 사실을 잘 알고 있으면서도 엉뚱한 기획안을 썼던 것이다.

이 기획안은 그동안 해온 자신의 주장과도 안 맞았다. 김건희의 미투 발언이 자극적이어서 지상파에서 보도하기 어렵다고 하더니, 기획안에는 이재명 후보와 김부선과의 관계를 써놓았다. 새로운 내용이 나온 것도 아니다. 김건희는 둘의 염문을 100% 믿는다는 얘기만 했을 뿐이다. 김건희 측에게 문제가 되는 만큼 이재명 후보 측에게도 불리한 내용을 싣겠다는 의도였다. 아무 상관 없는 이재명을 끌고 와 둘 사이에서 기계적 중립을 지키겠다는 뜻이었다.

이 기획안을 보자마자 데스크는 펄쩍 뛰었다. 이명수 기자가 우리 제보자인데 제보자를 문제 있는 사람으로 만드는 건 안 된다고 주장했다. 나는 보도만 할 수 있다면 뭐든 하겠다는 생각이어서 필요하다면 이 기자를 설득하겠다고 했다. 부장은 데스크의 반대를 듣고 한발 물러섰다. '이대로 보도하겠다는 게 아니라 서울의소리의 문제점에 대해 최대치까지 써 본 것'이라고 했다.

회의가 끝난 뒤 데스크와 둘만 있는 자리에서 눈치가 없다며 데스크에게 혼났다. 데스크는 7시간 녹취록 보도가 특종이라고 생각하고 있었다. 보도를 위해 부장을 적극적으로 설득하고 있었다. 그런 와중에 내가 데스크 의견에 동의하지 않고, 부장 뜻에 따라 이 기자를 세게 검증하겠다고 했으니 둘 사이에 엇박자가 난 것이었다. 데스크가 볼 땐 둘이 합심해서 위를 설득해야 하는데, 취재기자가 딴소리를 했던 것이다. 하지만 내 입장에선 그렇게 해서라도 보도가 하고 싶었다.

이명수 기자의 제보 철회

지금 보면 모든 게 명확하지만 당시엔 부장의 정확한 의도를 몰랐다. 부장은 기사가 안 된다고만 얘기한 게 아니었다. 얘기가 안 된다고 하다가도 '내용은 재미있어. 이런 워딩 살려서 쓰면 시청률은 터질 텐데'라며 여지를 남기기도 했다. 그러면서 끊임없이 내게는 '그런데 할 수 있겠어?'라고 물었다. 아마도 내가 제풀에 지쳐 스스로 포기하길 바랐던 것 같다.

모든 취재를 금지 당한 상태에서 유일하게 허락된 취재가 이명수 기자 인터뷰였다. 그런데 이 인터뷰에서도 문제가 생겼다. 부장은 이 기자의 의도가 무엇인지, 취재윤리 위반이 아닌지를 계속해서 물었고 검증하게 했다. 인터뷰는 이 기자의 취재윤리 위반이 중심이 됐다. 인터뷰를 마치고도 중간에 수시로 전화해 이 기자의 의도에 대해 물어봤다. "근데 왜 이런 식으로 통화했나?" "이런 통화는 문제 있는 것 아니냐?" "윤리 위반 문제는 생각 안 해봤냐?" 이 기자에게 맨날 하는 질문들이 이런 것들이었다. 이 기자는 결국 폭발했다.

"장 기자님 이 시간부터 나는 제보 철회합니다. 녹취록 다 지우고, 보도하지 마세요. MBC 지금 뭐 하자는 겁니까?"

부장과의 갈등은 이 기자에게 얘기하지 않았다. 부장이 보도에 신중한 스타일이라고만 얘기했다. 하지만 이 기자는 눈치가 빨랐다. 내가 접근하는 방식을 면밀히 지켜보고 있다가 안 되겠다고 판단했다. 나는 즉시 회사에 보고했다. 다시 회의가 열렸다. 부장은 제보 철회의 이유를 물어봤다. 나는 김건희 대신 서울의소리와 이명수 기자만 검증하는 취재에 불만을 가진 것으로 보인다고 보고했다. 제보를 철회하면 김건희 녹취록 보도는 불가능해진다.

"김건희만 좋게 생겼네."

부장은 화를 내며 회의실을 나가버렸다. 어떻게 하라는 지시가 없었다. 데스크는 이 기자를 잘 달래서 제보를 유지하라고 지시 내렸다. 시키는 대로 할 수밖에. 지금 와서 생각해보면 MBC는 이때 7시간 녹취록 보도를 접었어야 했다. 무서워서 제대로 보도 못 하겠고, 그렇다고 보도를 포기했다고 욕먹기도 싫고…. 이러지도 저러지도 못 하는 상황에서 제보자가 먼저 제보를 철회하는 절호의 기회가 생겼는데, 판단 능력을 상실한 MBC는 이 기회를 잡지 못했다. "그래도 보도는 해야 되지 않겠냐. 가서 이 기자한테 싹싹 빌고 다시 제보를 살려라."

데스크의 설득에 하루 만에 이 기자에게 연락했다. 당시 이 기자는 이런저런 스트레스를 많이 받고 있었다. 보도를 앞두고 초조해했다. 또 많은 기자와 유튜버들이 연락해 같이 보도하자고 제안하기도 했다. 이 기자는 이 제안들을 모두 거절하고 있었다. 제보를 받을 때 MBC도 이 기자에게 요구한 것이 하나 있었다. 다른 곳에서 먼저 보도하지 못하게 해달라는 것이었다. 이 기자는 이 약속을 지키기 위해 엄청난 노력을 하고 있었다.

문제는 이 기자가 일부 녹음파일을 이미 다른 기자들에게 줬다는 것이었다. 녹음파일을 들고 있는 기자나 매체들이 먼저 보도하면 그만이었다. 이 기자는 이런 상황을 막기 위해 혼신의 노력을 다하고 있었다. 보도를 하려는 일부 기자에게는 쌍욕을 하기도 했다. 지상파 방송에서 특종 보도를 앞두고 있는데 개인 욕심을 채우기 위해 단독을 내걸고 녹음파일을 어설프게 내보낼 경우 가만두지 않겠다고 했다. 먼저 보도한 매체의 책임을 죽을 때까지 묻겠다고도 했다. 더군다나 KBS에 주기로 했던 30%의 녹취록도 MBC에 다 준 상황이었다.

이 기자는 간 보거나 재는 걸 질색한다. 믿고 가기로 했으면 끝까지 믿고 가는 사람이었다. 이 기자는 MBC의 단독 보도를 위해 모든 걸 다 했다. 하지만 정작 MBC는 처음부터 딴 생각을 하고 있었다. 어찌됐건 조직원이었던 나는 조직의 지시를 따라야 했다. 이 기자의 마음을 돌리기 위해 다시 연락했다. 다행히 그는 많이 누그러져 있었다. 이 기자는 서울의소리 직원들과 함께 봤으면 좋겠다고 했다. 늦은 밤 다시 서울의소리를 찾아갔다. 이 자리에는 이득신 작가와 김병삼 부장이 함께했다. 분위기가 걱정했던 것만큼 나쁘지는 않았다. 이 작가와 김 부장이 당부한 건 2가지였다.

첫째는 MBC 보도로 서울의소리가 욕먹지 않게 해달라는 것이었다. 김건희가 보도의 중심이 돼야지 서울의소리 취재 방식을 문제 삼는 건 아니지 않느냐는 얘기였다. 둘째는 서울의소리가 자체 보도도 포기하고 모든 걸 MBC에 맡겼는데 자신들의 진정성을 좀 알아달라는 것이었다. 둘 다 당연한 얘기고 이미 잘 알고 있는 바였다. 얼굴을 들 수 없었지만 믿고 다시 한번 맡겨달라고 부탁했다. 다음 날 이 기자가 제보를 유지하겠다고 연락해 왔다. 다만 MBC 보도로 자신이 김건희의 밀정 짓을 한 것처럼 비치는 일은 없도록 해달라고 했다. 그렇게 하겠다고 약속했다.

이제 와서 고백건대 이날 한 약속은 처음부터 거짓이었다. 이 시점에선 MBC가 7시간 녹취록을 제대로 보도할 리 없다는 걸 너무 잘 알고 있었다. 그런데도 특종 보도를 하고 싶다는 욕심 때문에 이 기자에게 MBC 내부 상황을 사실대로 말하지 않고 다시 제보를 받았다. 이 기자를 속인 것이다. 당시엔 어떻게 해서든 1보를 내자는 생각만 했다. 내용이 순화되어 나가더라도 7시간 녹취록이 있다는 사실, 김건희의 음성 일부만 보도돼도 세상이 뒤집힐 것이라고 판단했다. 사람들은 모두 그 내용을 궁금해할 테고 다른 언론사와 대안 매체들이 잇따라 후속 보도를 할 것이 분명했다. 그러면 MBC도 원래 우리 특종이라며 열심히 보도하는 척할 게 뻔했다. 그땐 그렇게 생각했다.

루머의 루머의 루머

제보 철회는 없던 일로 했지만 달라진 건 없었다. 보도를 할지 말지, 언제 할지, 어떻게 할지 정해진 건 없었다. 여전히 취재는 금지였고 할 수 있는 건 없었다. 주변에선 MBC가 김건희의 7시간 녹취록 보도를 준비 중이라는 소문이 퍼져 나갔다. 일부 녹음파일을 확보한 매체는 함께 보도하자며 MBC 사장실로 연락을 해오기도 했다. 정상적이지 않은 일이 벌어지고 있었다. 나는 당시 취재기자라기 보다 전령에 가까웠다. 7시간 녹취록과 관련한 일이 생기면 어떻게 된 건지 보고했다. MBC 보도 전에 다른 매체가 먼저 보도하지 못하도록 조치하는 일도 했다. 그렇다고 다른 매체에 할 수 있는 건 딱히 없었다. 이명수 기자를 찾아가 다른 매체가 성급하게 보도하지 않도록 해달라고 읍소하는 것이 전부였다.

1월 5일경, 부장으로부터 1월 16일에 보도하라는 통보를 받았다. 보도 시간은 20분이라고 했다. 스트레이트의 방송 시간은 총 43분, 절반만 보도하라는 것이다. 즉각 반발했다. 스트레이트 1회분 통째로 방송한다는 약속과 달랐다. 회의에 부장은 들어오지 않았고 데스크와 둘이서 얘기했다.

"저는 보도를 할 수 없습니다. 서울의소리에 약속 못 지켜서 죄송하게 됐다고 사과하고 제보는 없었던 것으로 하자고 얘기하겠습니다."

데스크가 달랬다. 1월 16일에 절반을 방송하고 한 주 뒤 다시 절반을 방송하는 게 더 좋지 않겠냐고 했다. 절반씩 2주에 걸쳐 하고, 그 사이 뉴스데스크에서 리포트를 하자는 게 데스크의 얘기였다. 나쁘지 않은 전략이었다. 데스크 권고대로 고집을 꺾고 방송을 준비했다.

참고로 방송 10일 전에 방송 날짜를 정해주는 건 말이 안 된다. 앞서 얘기했지만 스트레이트는 당시 6명이 번갈아 가며 6주에 한 번씩 방송했다. 기자는 자신의 방송 날짜를 6주 전에 알고 준비한다. 그런데 방송 10일 전에 방송 여부와 날짜를 알려준 것이다. 보도하지 않으려 갖은 이유를 대며 취재를 방해하고 사기를 꺾은 건 그렇다 치자. 하지만 이렇게까지 방송 준비를 제대로 못 하도록 훼방을 놓아야 하는지는 정말 의문이다. 그러면 기사 작성과 영상 편집 시간이 부족해진다. 내용은 둘째치고 방송의 질이 떨어지게 되기 때문이다. 어차피 취재는 금지당한 것이었고 할 수 있는 건 김건희 측의 반론을 듣는 게 전부였다. 김건희에게 보낼 질문지를 사전에 부장에게 검열받았다. 김건희는 연락받지 않았다. 나는 매일 한 번씩 반론을 듣기 위해 연락하고 문자 보냈다. 문자 또한 부장이 모두 사전에 검열했다. 이 역시 모욕적인 처사였다. 수습기자들이 취재할 때도 이렇게 하진 않는다. 기사 작성에 들어갔지만 기사도 내 마음대로 쓸 수 없었다. 어떤 내용을 기사에 담을지는 모두 부장의 허락을 받아야 했다.

MBC가 김건희 녹취록 보도를 준비 중이라는 소문이 꽤 퍼졌는지 나한테 내용을 물어보는 MBC 기자들이 생겼다. 함구로 일관했다. 하소연을 늘어놓는 동료 기자도 있었다. 타사 기자들이 이런 내용이 보도되는 거 맞냐면서 물어오는데, 진짜 모른다고 답하면 이미 소문 다 난 걸 MBC 기자가 모른다는 게 말이 되냐며, 얘기해줄 수 없다고 하면 되지 모른다고 거짓말을 한다고 섭섭해한다는 것이었다. 스트레이트 팀이 강조한 철저한 보안은 결국 MBC 기자들만 바보로 만드는 결과를 낳았다.

그러던 중 사건이 발생했다. 2022년 1월 12일 아침 회사로 출근하는데 부장에게 전화가 왔다. 노기 띤 목소리로 오마이뉴스 기사를 봤냐고 물었다. 못 봤다고 하니 기사 링크를 보내줬다. 기사를 다 읽고 다시 통화했다. 부장은 그 기사가 어떻게 나갔는지 경위를 파악해서 보고하라고 했다.

오마이뉴스 기사 〈'7시간 김건희 통화' 녹음 파일 공개된다〉

기사는 대략 모 기자가 김건희와 6개월간 20여 차례에 걸쳐 전화 통화를 했고, 전체 분량은 7시간에 달하는데, 조만간 공개될 거라는 내용이었다. 이 기사를 읽자마자 반갑다는 생각이 들었다. 스트레이트 보도를 홍보해주는 기사처럼 보였다. 이명수 기자에게 전화했다. 이 기자도 오마이뉴스 보도가 나쁘지 않은 것 같다고 했다. 시청률이 잘 나오겠다며 함께 좋아했다. 이후에 닥칠 폭풍을 미처 예상 못한 채. 자초지종을 물어보니 이틀 전에 구영식 기자가 전화를 걸어와서 '7시간 녹취록을 어떻게 할 것이냐' 물었다는 것이다. 이 기자는 'MBC에 다 제보했고 MBC가 곧 보도할 테니 구 선배는 가만히 있으라'고 했다고 했다. 구 선배는 당황하더니 몇 가지를 묻고 전화를 끊었다고 했다. 이후에 구 선배가 어떻게 했는지는 안 봐도 그림이다.

부장한테 전화해 그대로 보고했다. 전화 너머 화를 꾹꾹 눌러 참는 게 고스란히 느껴졌다. 모든 상황을 자신이 통제하고 있다고 생각했는데 오마이뉴스 보도로 그게 깨지니 화가 났던 것 같다. 부장은 씩씩대다 전화를 끊었다.

녹취록 보도 소식이 알려지자 김건희와 국민의힘이 강하게 반발했다. 김건희는 즉각 방영금지가처분 신청을 냈다. 국민의힘 국회의원들은 14일 MBC를 항의 방문했다. 항의 방문 소식이 알려지자 시민들도 MBC를 지키겠다며 몰려왔다. 시민과 국민의힘 관계자들 사이에 몸싸움이 벌어졌다. 많은 매체가 이를 생방송으로 보도했다. 지라시들은 7시간 녹취록에 있지도 않은 근거 없는 자극적인 얘기들을 퍼 날랐다. 심지어 김건희가 방중술에 대해 이야기한다는 내용까지 들어 있었다. 7시간 녹취록 내용에 대한 국민적 관심은 한껏 달아올랐다.

국민의힘 국회의원들이 항의 방문한 날 부장은 눈에 실핏줄이 터져 있었다. 그즈음 부장은 거의 패닉 상태였고 스스로 뭔가를 결정하지 못했다. 모든 상황을 본인이 통제하려 했고 또 통제하고 있다고 믿고 있었을 것이다. 하지만 오마이뉴스 보도로 둑이 무너졌고 상황은 이미 부장의 손을 떠나 걷잡을 수 없이 커져 갔다.

14일 오전 11시 방영금지가처분 심문기일이 잡혔다. 이에 대응하기 위해 MBC 측 변호인으로 김광중 변호사가 긴급 투입됐다. 김 변호는 촉박한 시간을 만회하기 위해 열정적으로 일했다. 나도 새벽까지 사무실에 남아 김 변호사가 요청한 자료를 찾아 보내며 소송 준비를 도왔다.

14일 오전 심문이 끝나고 재판부는 MBC에 기사 가안을 제출해 달라는 요청을 했다. 김 변호사는 재판부의 심기를 거스리기보다 제출하는 게 좋겠다는 의견을 냈다. 결국 제출하기로 결정됐다.

그날 저녁 서울서부지방법원의 방영금지가처분 결과가 나왔다.

법원의 결정은 일부 인용이었다. 문제는 판사가 빨간펜 선생처럼 제출한 기사 가안 중 어떤 부분을 쓰면 안 되는지를 일일이 표시했다는 것이다. 보도를 금지한 부분은 김건희 입장에선 보도되면 뼈아픈 것들이었다. 그렇다고 나머지 부분을 자유롭게 보도한 것도 아니었다. 김건희 녹취록의 각 내용을 보도했을 때 어떤 법률적 위험이 있을 것인지에 대해서도 회의했다. 김 변호사는 기자들이 미처 생각하지 못한 부분까지 꼼꼼하게 확인해 의견을 개진했다. 문제는 기자들이다. 김 변호사가 개인적 의견을 전제로 시청자 입장에서 이런 걸 굳이 보도할 필요가 있겠냐라고 언급한 부분까지 모두 보도 대상에서 제외시켰다. 당시 스트레이트 팀을 지배한 사고는 '보도를 잘하겠다'가 아니라 '이 보도가 어떤 식으로든 문제가 되면 안 된다'였다. 문제가 될지 모른다는 의견이 제기만 돼도 해당 내용을 뺐다.

　　부장은 작성된 기사를 회사 시스템을 통해 송고하지 못하도록 했다. 일반적으로 기자들은 기사를 쓰고 회사 기사작성·송고시스템(MBC는 MARS라고 한다)으로 전송한다. 그러면 데스크와 부장이 접속해 기사를 확인하고 수정한다. 그런데 이번에는 송고하는 대신 작성한 기사를 유에스비에 담아 데스크에게 전달했다. 데스크가 수정을 마치자 부장은 데스크 자리로 가서 데스크 컴퓨터에 있는 기사를 고쳤다. 자신의 컴퓨터에는 어떠한 흔적도 남기지 않은 것이다. 부장은 7시간 녹취록 보도 준비 내내 카카오톡으로도 보고받지 않았다. 모든 보고와 지시는 구두로만 이뤄졌고 전자파일은 남기지 않았다. 처음부터 검찰 수사를 대비했던 것 같다.

작성된 기사는 처참한 수준이었다. 상황이 상황인지라 평소엔 기사 작성에 관여하지 않는 부국장, 국장이 기사를 검수했다. 부국장은 스트레이트 팀이 쓴 기사가 너무 조심만 한 것 같다며 기사를 좀 더 세게 바꿨다. 이 기사를 받아 든 보도국장은 '장인수가 쓴 기사는 아니네. 방송을 할 거면 그래도 내용이 있어야 할 거 아니냐'며 기사를 좀 더 세게 고쳤다. 이 기사가 1월 16일 스트레이트에서 방송됐다.

1월 15일 내내 편집실에 있었다. 20대의 젊은 여성 편집자들에게 방송 내용이 이해되는지 물어봤다. 잘 이해하지 못했다. 양재택 검사가 유부남인데 김건희와 같이 체코에 여행 간 건 어떠냐고 물어봤다.

"김건희가 각방 썼다고 하는데 그렇다면 괜찮은 거 아니에요?"

"자기 남자친구나 남편이 김건희랑 같이 해외 가서 각방 쓰면 괜찮아요?"

"그건… 안 괜찮은데요."

편집자들은 기사의 의미를 설명해줘야만 그제야 고개를 끄덕였다. 속에서 무언가가 치밀어 올랐다. 이렇게 아무 일 없었다는 듯 넘어갈 수 없다는 생각이 들었다. 망설이다 휴대전화를 꺼내 장문의 카톡을 보냈다. 당시 사용하던 휴대전화를 보관하고 있지 않아 정확하지는 않지만 대략 이런 내용이었다.

"저희는 지난 한 달간 이 보도를 특종으로 만들기 위해 머리를 맞대고 치열하게 논의해 왔습니다. 하지만 가처분신청 결정에 따라 정작 중요한 내용을 빼고 보도를 하려고 합니다. 저는 부끄러워서 앞으로 어디 가서 기자라고 못 하겠습니다. 저는 이 시간 이후로 기자 아닙니다. 당신들도 마찬가지입니다. 앞으로 어디 가서 기자라고 하지 마십시오. 저에게 기자 선배는 없습니다. 사장, 본부장, 국장, 부국장, 부장, 데스크만 있을 뿐입니다."

박성제 사장 이하 이 아이템을 보고받는 위치에 있는 6명에게 똑같이 보냈다. 잠시 뒤 문자를 받은 한 간부가 편집실로 찾아왔다.

"이거 SNS에 올리는 거 아니지?"

어디서 어긋났는지 명확히 알게 됐다. 보도를 잘하는 게 중요한 게 아니었다. 문제가 안 되는 게 더 중요했다. 이러려면 진작에 킬했으면 되는 거 아닌가? 왜 상황을 이렇게까지 끌고 왔는지 이해할 수 없었다.

처음 이명수 기자를 만나 7시간 녹취록 이야기를 듣고 서로의 마음을 확인했을 때 가슴이 부풀어 올랐다. 이 보도로 스타 기자 반열에 설 줄 알았다. 늘 존재감 없는 기자였기에 '쥐구멍에도 볕 들 날이 있구나'라고 생각했다. 그런데 쥐구멍에라도 들어가고 싶은 심정이었다.

내 손을 떠난 기사

후속 방송 중단

16일 밤 방송이 나갔다. 시청률은 17%를 기록했다. 역대급이었다. 하지만 시청자들의 실망은 컸다. 다음 날 아침 MBC 라디오 시선집중 생방송 출연이 예정돼 있었다. 시청자들의 마음을 어떻게 돌릴 수 있을지 가늠이 되지 않았다. 부장은 전화를 걸어와 시선집중에 출연해 2차 방송을 할 거라고 얘기하지 말라고 했다. '처음부터 끝까지 잔머리만 굴리는구나….' 17일 아침 김종배 앵커는 나를 보자마자 위로부터 했다. 최대한 담담하게 방송했다. MBC 내부에서 있었던 일을 다 얘기하지는 못했지만 기왕 얘기가 나온 것에 대해서는 사실대로 얘기했다. 법원의 방영금지가처분 결정에 대한 얘기가 나왔다. 이 결정 때문에 MBC가 보도하지 못한 내용을 소개하고 얘기했다. 이 내용은 전날 밤 서울의소리가 스트레이트 보도 이후 다 보도하기도 했다.

"보도가치가 충분하다고 판단했으니까 방송했던 거 아닙니까? 보도가치의 초점 핵심은 어디에 있다고 보는 겁니까?"

"… 김건희 씨가 이 기자와 나누는 대화 중간중간에 우리 사회를 바라보는 상당히 왜곡된 시선이 있다. 어제 (방송)같은 경우는 미투 관련 부분이 그렇고요. 그리고 MBC에선 방송되지 않았고 서울의소리가 공개했죠. 내가 정권 잡으면 무사하지 못할 것이다. 권력이란 게 잡으면 수사기관이 알아서 입건하고 수사한다. 권력이 그래서 무섭다. 이런 발언들을 언론인을, 자신에게 비판적인 언론인을 상대로 하죠. …"

시선집중 출연이 끝나자 데스크가 호출했다. '문제를 만들지 말라고 했는데 왜 문제를 만드냐'며 질책했다. 가처분 재판부가 보도를 금지한 내용, '정권 잡으면 무사하지 못할 거야'를 말한 게 문제라는 얘기였다. 데스크도 부장이 시켜서 어쩔 수 없이 질책하는 거였다. 데스크한테 처음으로 화를 냈다. "제발 시청자들 댓글 좀 보세요. 욕먹고 있는 거 조금이라도 덜 먹게 하려고 일부러 시원하게 방송한 거잖아요. 어제 방송처럼 답답하게 해서 계속 욕먹을까요?" 국민의힘은 법원의 가처분 결정을 어기고 보도해서는 안 되는 내용을 보도했다며 고소하겠다고 발표했다. 그러거나 말거나.

보도국 기자들한테 전화가 오기 시작했다. 적당히 친한 기자들은 "어제 기사 네가 쓴 거라며?"라고 물었다. 많이 친한 기자들은 "네가 쓴 기사라고 소문이 나긴 했는데 아무리 봐도 네가 쓴 기사는 아닌데"라고 물었다. 이런 소문은 누가 낸 걸까? 이런 건 참 발 빠르다. 부장은 스트레이트 방송이 끝난 뒤부터 다음날까지 보도국의 여러 기자한테 전화했던 모양이다. 스트레이트 보도에 대해 "퍼스트 펭귄 역할만 한 거다. 객관적으로 있는 사실만 전달하는 게 중요하고 우리의 역할은 거기까지다. 내용에 대한 해석과 평가는 다른 사람들과 시청자들이 하는 거다" 대략 이런 얘기를 했다고 했다. 기자는 보도가 끝난 뒤 자기 보도의 의미와 가치에 대해 다른 기자들한테 구구절절 설명하지 않는다. 모든 상황 하나하나가 18년 기자 생활 중 처음 겪는 일들이었다.

방송에 실망한 시청자들의 비판과 비난은 매서웠다. '이럴 거면 그냥 유튜브에서 방송하지 뭐 하러 MBC에 제보했냐'고 말하는 진보 진영 매체들도 많았다. 뼈아픈 지적이었다. 이같은 상황을 만회하는 길은 2차 방송밖에 없었다. 주변에 신경을 끄고 어떻게 방송할지에만 집중했다. 내 마음대로 할 수 있는 건 없었지만 그렇다고 준비가 안 돼 있으면 윗사람들과 싸울 수조차 없다. 머리 싸매고 낑낑대고 있는데 데스크가 불렀다.

"2차 방송 어떻게 할 생각이냐?"

"선배 저희가 살길은 무속밖에 없습니다. 김건희가 무속에 심각하게 빠져 있다는 걸 핵심 내용으로 보도해야 합니다."

데스크는 씩 웃었다.

"내 생각이랑 똑같네. 지금 바로 짐 싸서 출장 가. 스트레이트 방송하는데 나가서 찍은 그림 하나 없다는 게 말이 돼? 무정(무속인)이 지냈다는 절에 찾아가 봐."

7시간 녹취록에서 김건희는 무속에 대해 많은 이야기를 한다. 무정의 권유로 윤석열 당시 후보가 9수 끝에 고시를 패스했고 자신과의 결혼도 무정이 연결해 준 것이라고 말했다.

김건희 스님이라는 분도 강원도 분이에요. 말이 스님이지. 진짜 스님은 아니고 그 아버지 사실 강원도에 영은사라고 있어요. 영은사라고 있어요. 강원도 분이니까 내가 얘기한다, 영은사. 영은사 주지 스님이었거든요. 그래서 우리가 애칭을 스님이라고 부르죠. 우리가 거기가 한두명이 아니라 모임이 거기 같이 있었어요 다. 그렇게 해서 자연스럽게 알게 된 거지. 근데 그분이 저한테 맨날 너는 39살이 지나야 결혼이 된다. 그 전에 결혼하면 다 안 된다. 왜냐면 제가 특별한 사주래요 제가. 옛날부터 그랬거든. 그래서 스님이라기보다는 제가 말로 가칭 스님이라고 한 거지. 다 우리 주변 분들이에요. 주변에 윤 총장 장가보내기 다들 이제 조금씩 다 거든 거죠. 아는 분들이. 윤 총장 친구분들로부터 시작해서 검사들로부터 시작해서, 제가 결혼 안 하려고 했거든요. 계속. 저는 공무원하고 결혼하

는 게 부담스러우니까. 근데 이제 옆에서 다들 나섰죠. 때
로. 그래서 그렇게 됐어요"

이명수 그 스님이 무정 스님인가 그런 건가요?

김건희 네 무정 스님이라고. 그분은 그리고 이제 너는 석열이하고
맞는다, 미안하지만 나이 차가 너무 많으니까 말을 안 했
는데, 맞는다. 그래서 무슨 말이냐고 나이 차가 너무 이렇
게 나는데. 그래가지고 그리고 그분은 히말라야로 기도를
가셨어요. 그분은 한국에서 잘 안 있고 거의 히말라야나
이런 데로 가세요.

이명수 무정 스님이란 분이?

김건희 그래가지고 히말라야 가가지고 기도하고 막 그랬지. 그
러다가 우리하고 중간에 의절했어요. 왜냐면 우리 남편
앞에서 한번 문재인 대통령 되고 나서, 갑자기 문재인은
망한다. 이러는 거에요. 그 스님이 한번 놀러오더니.

이명수 아. 무정 스님이? 문재인 정부가 망한다?

김건희 그래서 우리 남편이 얼마나 열이 받는지, 망하면 우리 남
편 망한다는 말밖에 더 돼요. 열 받아가지고 다신 보지 말
자고 말이야 그래가지고. 뭘 망하냐고, 어? 그때부터 인연
을 딱 끊었어요. 우리 남편이. 우리 남편한테 죽으란 말밖
에 더 돼? 너무 열이 받아가지고 우리끼리는 그런 사연이
좀 있죠. 지금까지도 안 봐요. 그분은 이제 그렇게 가교역

할만 한 거고, 실제로는 강원도 분들이 좀 나섰지. 그래가
지고 그렇게 됐어요. 결혼이라는 게 한두 사람이, 한 사람
이 해서 그렇게 되는 게 아니라, 저나 저희 남편이 굉장히
여자에 대해서 샤이해요. 굉장히 비범한 검사 같은데 굉
장히 부끄러움도 많고, 저랑 성격이 반대예요. 그분이 처
음에 소개할 때도 너희들은 완전 반대다. 김건희가 완전
남자고 석열이는 완전 여자다.

근데 누가 그걸 그렇게 보겠어. 근데 정말 결혼을 해보니까
그게 진짜인 거야. 내가 남자고, 우리 남편이 여자인 거야.
진짜. 성격이 되게 부끄러움도 많이 타고 그러거든. 괜히
남자라서 남자가 더 왜 겁도 많잖아요. 사실 그렇잖아. 남
자기 때문에 자기가 체면상 남자 체면이라는 게 있어서
그런 건데, 우리 남편이 아주 여리고 눈물도 많고 그래요.
드라마 보면서 쭉쭉 우는 게 우리 남편이에요. 영화보면
제일 눈물 많고. 그랬는데 진짜 성격이 정말 반대더라고.
아 그래도 진짜 도사는 도사구나. 결혼해서. 도사는 도사
구나. 그랬어요.

17일 오후 삼척으로 출발했다. 차 안에서 이명수 기자에게 전화
했다. 첫 번째 방송이 약했던 것을 사과했고 2차 방송은 잘 준비해서
세게 보도하겠다고 말했다. 무속인 무정이 지냈던 절이 삼척에 있어

삼척이 고향인 그에게 무정에 대해 아는 삼척 사람이 있는지도 물어봤다.

취재를 마치고 다음 날 서울에 돌아왔다. 회사 분위기는 좋지 않았다. 2차 방송을 준비해야 하는데 일손이 잡히지 않았다. 회의가 열렸다. 데스크와 나는, 김건희가 심각하게 무속에 의지하고 있고 이게 향후 국가 정책 결정에 영향을 미칠지 모른다는 게 2차 방송의 주요 내용이 되어야 한다고 얘기했다. 부장과 부국장은 무속 논란은 방송 소재로 적합하지 않다고 했다. 검사, 고위 공직자, 정치인 아내 중에 점집 안 다닌 사람이 있겠냐는 말도 나왔다. 나와 데스크는 7시간 녹취록에서 윤석열-김건희 부부의 많은 문제점과 위험성이 드러났다고 판단했다. 윗사람들은 이명수 기자를 기자가 아닌 이상한 사람이라고 생각하는 것 같았다. 그래서인지 이 기자와 좀 나대는 검찰총장 와이프의 전화 통화 내용에 큰 의미를 부여하기 힘들다고 생각하는 듯 보였다. 인식의 차를 좁히는 건 불가능했다.

수요일에 출근했더니 어제까지와 다르게 부장의 표정이 밝았다. 아침 회의에서 부장은 2차 방송은 안 하기로 결정했다고 통보했다. 그때 깨달았다. 내가 부족한 게 뭔지를. 왜 그렇게 윗사람들과 대화가 힘들었는지를. 1차 방송이 끝나자마자 월요일 아침 시선집중 출연을 앞둔 내게 2차 방송을 할 거라는 얘기를 확정적으로 하지 말라고 지시했던 윗사람들의 정치적 감각. 내겐 그게 없었다. 1차 방송이 끝난 일요일 밤부터 수요일 아침까지 내 머릿속은 2차 방송을 잘해 1차 방송의 실패를 만회해야 한다는 생각뿐이었다. 어리석었다. 영화 〈미스 슬로운〉에서 주인공 슬로운은 이렇게 말한다.

"핵심은 통찰력이지. 상대의 움직임을 예측하고 대책을 마련해야 해. 승자는 상대보다 한 걸음 앞서 계획하고 상대가 먼저 패를 보인 후에 회심의 카드를 날리지. 확실히 해야 할 것은 상대를 놀라게 만들되 그들이 너를 놀라게 해서는 안 돼."

그때로 다시 놀아간다면 미련 없이 방송 전에 기자회견을 열 것이다. 비겁한 MBC에서 제대로 된 7시간 녹취록 보도는 불가능하다고. 그렇게 스트레이트 2차 방송은 없던 일이 됐다. 이명수 기자와의 약속은 헌신짝이 됐다. 불방 소식을 듣자마자 이 기자에게 알려주겠다고 했다. 부장의 반응은 예상 밖이었다.

"그걸 미리 알려줄 필요가 있나?"

"그러면 불방 결정됐다는 걸 언론 보도 보고 알게 할까요? 서로 믿고 진행하자고 약속하고 지금까지 온 건데 이런 식으로 뒤통수를 치라고요? 이명수 기자 성격 잘 모르시는 거 같은데 선배가 감당하실래요?"

부장은 난감해했다. 잠시 기다리라고 하더니 얼마 뒤 자신이 이 기자에 통보해줄 시간을 정해주겠다고 했다. 알겠다고 했다. 불방인데 할 일도 없었다. 하릴없이 자리에 앉아 있었다. 부장은 한 시간에 한 번씩 내 자리로 와 이명수 기자한테 전화했는지 확인했다. 그리고 아직 얘기하지 말라고 주지시켰다. 속에선 열불이 났지만 화내는 건 아무 의미 없었다. '그래 어디까지 가는지 한번 보자.' 이 생각뿐이었다.

　스트레이트가 불방을 결정한 대신 일부 다 보도하지 못한 내용은 뉴스데스크에서 보도하기로 했다. 부장은 자기 손을 떠난 일이라는 듯 이 결정을 통보했다. 그러면서 스트레이트에서 했던 것처럼 단독 취재 없이 녹취록만 틀려 하면 뉴스데스크 편집팀이 기사를 안 내보내줄 거라고 했다. 사실상 비아냥이었다. 불방 결정을 외부에 발표하기로 한 시간은 오후 6시였다. 부장은 정확히 5시 반에 이 기자에게 통보하라고 지시했다. 순간 쌍욕이 튀어나올 것 같았지만 화를 내봐야 뭘할 건가. 가방을 메고 회사를 나와 서울의소리로 달렸다. 그 와중에 데스크에게 어디냐고 묻는 전화가 왔다. 아마도 부장이 시켰을 것이다. 7시간 녹취록 보도 내내 위에선 내 동선과 행동에 관심이 많았다.

　"이 중요한 얘기를 성의 없이 전화로 할 순 없잖아요. 얼굴 보고 미안하다고 정중히 사과해야죠."

　다행히 차가 안 막혀 서울의소리에 5시 45분쯤 도착했다. 이명수 기자에게 불방 소식을 전하고 고개 숙여 사과했다. 이 기자는 당시 내가 이렇게 말했다고 한다.

　"이 기자님이 때리면 맞겠습니다."

　이 기자는 예상외로 담담했다. 그럴 줄 알았다는 반응이었다. 오히려 고생했다며 너무 상심하지 말라고 나를 위로했다. 이 기자보다 나은 기자가 MBC에 있는지 궁금하다. 없을 것 같다. 웃긴 건 많은

MBC 기자들은 이 기자를 기자로 안 친다. 한번은 7시간 녹취록 관련 회의를 하다 부장이 그랬다. "서울의소리가 언론사야? 가로세로연구소의 좌파 버전 아닌가?" 이명수 기자에게 다시 깊은 사과의 말씀 드린다.

여전히 오락가락 MBC

여기가 바닥인가 싶으면 다시 추락했다. 다시 여기가 진짜 바닥인가 하면 또 추락했다. MBC의 한심함은 끝이 없었다. 이 기자와 헤어진 뒤 도저히 그냥 집에 들어갈 수 없어 모처에서 술을 마시고 있었다. 불방 소식이 알려졌고 타사 기자들에게 전화가 오기 시작했다. 불방 이유를 물었다. 딱히 해줄 말이 없었다. 내가 결정한 것도 아니고 윗사람들이 이유를 얘기해 주지도 않았다. 불방 결정된 거 맞고 이유는 회사 홍보실에 물어보라고 답했다. 인터넷엔 불방을 결정한 MBC를 성토하는 글로 도배가 됐다.

밤 9시쯤 되자 이상한 분위기가 감지됐다. 높으신 분들에게 전화가 오기 시작했다. 박성제 사장도 직접 전화했다. "보도 다 못 한 거 뉴스데스크에서 제대로 해봐. 우리 MBC 기자들이잖아. 화이팅이 있잖아. 네가 잘 보도할 수 있도록 보도국장한테 얘기해 놨어."

대략 이런 내용이었다. 1차 방송은 폭망, 2차 방송은 불방. 시청자들은 제대로 열받아 있었다. 이대로 끝나면 누군가 책임을 져야 한다는 얘기가 나올 가능성이 컸다. 그런데 이 정도도 예상 못 하고 불방을 결정했나. 어떻게 불방 결정 발표 3시간 만에 이렇게 태도가 바뀌나. 데스크가 전화를 걸어와 대략적인 상황을 설명하고 정리했다. 다 못 한 보도는 뉴스데스크에서 보도한다. 그냥 하는 게 아니라 제대로 한다. 시간도 쓰고 싶은 만큼 쓴다. 제작과 데스킹 과정에 스트레이트 팀 간부들은 빠진다. 내가 초고를 쓰고 데스크가 데스킹을 보고 보도국장이 최종 검수한 다음 보도한다. 박성제 사장과 이렇게 담판을 짓고 확답을 받았다고 했다. 그냥 그런가 보다 했다. 일희일비하기엔 MBC라는 조직에 대한 기대가 처참히 무너져 있었다. 내일 아침에 출근하면 상황이 또 어떻게 바뀌어 있을지 몰랐다.

다음 날 아침 출근했더니 부장은 벌써 출근해 뭐 마려운 강아지마냥 안절부절못하고 있었다. 의기양양하던 어제의 모습은 오간 데 없었다. 사무실로 들어서는 나를 보자마자 뭐가 그리 급한지 회의실로 불렀다.

"오늘 리포트 해야지. 내가 뉴스데스크 시간을 5분 줄게. 7시간 녹취록 방영금지가처분 결정이 법원마다 다르잖아. 이걸 지적하는 기사를 써."

당시 서울서부지방법원은 MBC 보도에 대해 특정 내용을 보도하지 말라고 결정했지만, 서울중앙지법과 서울남부지법은 대부분 내용에 대해 보도해도 된다고 결정했다. 부장은 이를 꼬집는 기사를 쓰라는 지시를 내린 것이다. 단독으로 들고 있는 7시간 녹취록 보도는 제쳐두고 이미 다른 언론사들이 다 보도한 법원 가처분 결정을 분석하는 기사를 쓰라니. 뭐라도 해야겠는데 뭘 할지 몰랐던 것 같다. 말 같지도 않은 지시라 그냥 한 귀로 듣고 한 귀로 흘렸다.

얼마 뒤 데스크가 출근하고 부장은 데스크에게 뭐라고 얘기를 했다. 데스크의 얼굴이 굳어졌다. 잠시 뒤 데스크, 부장, 부국장이 같이 뭔가 논의를 했다. 어제 오후까지만 해도 뉴스데스크 가서 알아서 하라더니 하룻밤 사이에 생각이 달라진 모양이었다. 잠시 후 다시 결정된 바를 데스크로부터 통보받았다. 스트레이트에서 기사를 쓰고 데스킹도 스트레이트에서 본다는 것이었다. 역시나…. 대신 법원 가처분 판결의 차이를 분석하고 지적하는 기사는 없던 일이 됐다.

이번에는 쓰고 싶은 대로 기사를 썼다. 21일 〈"여기서 지시하면 캠프 조직"··코바나는 '서초 캠프'?〉라는 제목의 리포트가 5분 20초 동안 보도됐다. 김건희의 서초동 코바나컨텐츠 사무실이 윤석열 후보의 선거캠프 기능을 하고 있다는 내용이었다. 김건희가 선거에 개입한 사실을 보여주는 그녀의 발언이 보도됐고 그런 발언을 하게 된 상황도 충실히 설명했다. 스트레이트 보도에 비판적이던 시청자들은 뉴스데스크 보도는 응원했다. 기사에 기자의 문제의식이 담긴 결과였다.

다음 날엔 〈"너는 검사 팔자다"··고비마다 점술가 조언?〉 리포트가 6분 20초 동안 보도됐다. 김건희의 무속 논란에 대한 보도였다. 무속 논란은 지상파에서 보도할 수 없다던 간부들은 무슨 이유에선지 이번엔 다들 입을 다물었다. 보도가 되자 스트레이트 말고 뉴스데스크로 계속 보도해달라는 시청자들의 댓글이 이어졌다.

3일째가 되자 부장이 더 할 게 있냐고 묻더니 보도 중단을 통보했다. 시청자들이 MBC를 욕하기 애매한 상황, 보도는 딱 거기까지였다.

보도 후, 김건희에 대한 국민적 호감도가 많이 상승했다. 걸크러시라는 말이 나왔고 팬클럽까지 생겼다. 점차 떨어지면서 골든크로스 직전까지 갔던 윤석열 후보의 지지율은 반등했다. 이후 큰 이변이나 반전은 없었다. 윤석열 후보는 두 달 뒤 대한민국 대통령에 당선됐다. 6개월 뒤 최재영 목사는 김건희를 만나 디올백을 선물했고 이 장면을 몰래 촬영했다. 김건희는 스스로를 대통령으로 생각하고 행동했다.

대선이 끝난 후 국민의힘 내부 분석 보고서엔 최대 위기로 MBC의 7시간 녹취록 보도를 꼽았다. 시청자들로부터 욕도 많이 먹었다. 많이 괴로웠다. 잊어야지 하는 마음에 육아휴직을 냈고 10달간 쉬었지만 쉽게 잊히지 않는다. 한순간 한순간을 복기하면서 그때 왜 그렇게 바보같이 행동했을까, 왜 더 치열하지 못했을까 자책하게 된다. 보도한 지 3년이 다 되어 가는데 아직도 그때 왜 그렇게 방송했었는지 묻는 사람들이 있다. 책임을 피하고 싶은 생각은 없다. 내 이름과 얼굴을 걸고 한 보도고 시청자들에게 책임질 사람도 나다. 다만 내가 가지고 있는 책임감의 10퍼센트만이라도 그때 MBC 보직자들이 책임감을 느꼈으면 한다.

PART 3.

한동훈과 검언유착

최초보도
2020년 3월 31일, MBC

1

검언유착 보도의 시작, 제보자X

2020년 3월 9일, 밤 9시 퇴근하고 집으로 가는 길이었다. 강변북로를 타고 성수대교를 지나는데 오랜만에 PD수첩 김정민 PD에게서 전화가 왔다. MBC 입사 동기로 코드가 맞아 신입 사원 연수 때부터 친하게 지내는 사이다.

"형, 아이템이 하나 있는데 혹시 채널A에 이동재 기자라고 알아? 이동재 기자가 신라젠 전 대주주였던 이철 대표한테 유시민 이사장 관련 비위를 내놓으라고 협박을 하는 모양인데, 내용이 살벌해. 그런데 PD수첩에서 하기는 조금 어려울 것 같은데…. 형은 어때? 생각 있어?"

나는 아이템을 안 가린다. 남들이 안 한다고 버린 아이템 주워다 심폐소생술로 살려 방송하는 경우도 많다. 이 때문에 스스로 아이템

재활용 전문 기자라고 말한다.

"땡큐지."

이철 대표는 벨류인베스트코리아VIK라는 투자회사의 대표였다. VIK는 사람들의 투자금을 모아 성장 가능성이 높아 보이는 기업에 투자하는 회사였다. 신라젠은 VIK가 집중적으로 투자한 회사 중에 하나였다. 이철 대표는 한때 신라젠 대주주였다. 문제는 금융당국의 허가 없이 자금을 모집해 투자했다는 것이다. 허가가 필요한 사항이라 불법이었다. 또 투자자의 돈으로 이전 투자자의 이자를 갚는 폰지사기 혐의도 유죄로 인정받았다. 그는 대법원에서 징역 12년 확정판결을 받고 복역 중이었다.

그런데 한 기자가 그에게 전화해 유시민 노무현재단 이사장에게 돈을 준 적이 있는지 물어왔다는 것이다. 검찰 수사에 협조하지 않으면 다친다는 식의 협박 편지를 수차례 보냈고, 이런 협박 내용이 녹음까지 돼 있다고 했다. 특종은 아니지만 꽤 흥미로운 사건이라고 생각했다. 평소 언론 문제, 기자들 취재 관행에 대해서도 관심이 많은 편이었기 때문이다. 내 회사, 내가 속한 업계는 비판 못 하면서 다른 분야에서 벌어지는 문제는 적극적으로 보도한다는 건 코미디다. 다음날 회사에서 김PD를 만나 편지와 녹음파일 등 자료를 받기로 했다.

3월 10일 오후 김 PD를 만나서 자료를 넘겨받았다. 이 자료를 김 PD에게 준 사람은 지 모 씨, 이른바 제보자X라고 했다. 제보가 이철 대표 → 제보자X → 언론사의 경로로 들어온 것이었다. 특이한 경우인데 이철 대표가 교도소에 있으니 그런가 보다 했다. 제보자X의 연락처를 넘겨받았고 이날 저녁 처음으로 그에게 연락했다.

제보자X는 처음부터 검찰과 이동재 기자의 검은 거래를 의심했다. 이동재 기자가 이철 대표를 취재하게 된 배후에는 검찰이 있다고 믿었다. 검찰과 함께 공작하는 거라고 생각하는 듯했다. 의심스러운 부분이 있기는 했지만 처음부터 내 관심사는 아니었다. 은밀히 이뤄지는 검은 거래를 입증하는 건 수사기관도 하기 어려운 일이다. 하물며 아무런 법적 권한이 없는 기자가 밝히는 건 불가능에 가깝다. 파도 안 나오는 일에 매달리기보다 작더라도 확실한 일에 집중하는 게 효율적이다. 이동재 기자의 취재윤리 위반만으로도 보도가치는 충분하다고 생각했다. 일단 취재를 시작했다.

2

검증의 시작

이철 대표를 만나기 위한 노력

취재 초반 이철 대표를 만나는 일에 집중했다. 기자가 제보자를 한 번도 못 만나고 기사를 쓰는 일은 거의 없다. 이철 대표를 직접 취재하지 않고 충분히 검증했다고 보기 어려웠다. 이철 대표의 말이 왜곡돼 전달될 수도 있었다. 이런 이유로 이철 대표를 직접 취재하는 일이 꼭 필요했다. 문제는 코로나였다. 당시는 2020년 3월, 코로나 대유행이 시작된 시기였다. 사회적 거리두기가 전국적으로 시행됐고 교도소에는 격리 조치가 내려졌다. 먼저 이철 대표의 변호사를 만났다.

장인수 협박 편지를 제보자X를 통해 받았는데 이철 대표가 이 편지를 제보자X에게 준 게 맞습니까?

변호사 맞습니다.

장인수 제보자X는 이철 대표와 구치소에서 처음 만나게 됐고,

자신이 이철 대표의 대리인 역할을 하고 있다고 말했습니다.

이것도 맞습니까?

변호사 네. 맞습니다."

장인수 제보를 하겠다는 게 이철 대표의 뜻이 맞나요?"

변호사 네.

장인수 제보하면 이후에 많이 힘들어질 수 있는데 이철 대표가

제보를 철회할 수도 있지 않을까요?

변호사 이철 대표의 뜻은 확실합니다.

이철 대표는 이동재 기자의 편지를 받아 보고 사기꾼이 보낸 편지라고 생각했다고 한다. 교도소나 구치소에 있다 보면 돈이 있어 보이는 수감자들에게 접근하는 사람들이 종종 있다. 그런데 편지도 계속 오고, 검찰 내 상황에 대해서도 정확하게 알고 있는 것 같아, 기자가 맞는지 정확한 의도가 무엇인지 자신의 변호인이었던 이 변호사에게 알아봐달라고 부탁했다. 이○○ 변호사는 과거 자신의 의뢰인이었던 제보자X에게 관련 내용을 상의했다. 제보자X는 자신이 알아보겠다며 나선 상황이었다.

이 제보는 처음엔 뉴스타파 심인보 기자에게 갔다. 심 기자는 당시 한명숙 전 총리 재판 증언 조작 사건을 취재 중이라 이 사건에 관

심이 없었다고 한다. 이 제보는 다시 PD수첩 김정민 PD에게 갔다. 하지만 김 PD는 이 내용 가지고 1시간 방송을 채우기는 어렵다고 생각했다. 제보가 나에게 넘어온 이유다. 이철 대표 → 이 변호사 → 제보자X, 이 과정을 통해 제보가 들어왔다는 설명에 딱히 의심스러운 부분은 없었다. 그래도 이철 대표를 꼭 만나고 싶었다.

코로나 시기 당시 재소자들은 가족과 변호인 등 허가된 사람과 화상접견만 가능했다. 하지만 지인은 불가능했다. 이철 대표 가족이 화상접견할 때 취재진이 옆에 있고 가족이 취재진 대신 질문을 하는 방법이 가능할지 제안했다. 하지만 이 방법도 성사되지 않았다. 제3자가 화상접견에 참여했다는 사실이 드러나면 수감자가 접견 제한 등 불이익을 받을 수 있기 때문이다. 결국 질문지를 이 변호사에게 주면 그가 구치소에서 이철 대표를 만나 자필 답변을 받기로 했다. 아쉽지만 최선이었다.

이철 대표에게 '왜 제보를 했는지', '이동재 기자의 압박에 공포감을 느꼈는지', '유시민 이사장에게 정말 돈을 준 적은 없는지' 등을 물었다. 이철 대표와 변호사에게 제보를 철회할 가능성이 있는지도 물었다. 이 대표의 제보 내용을 보도했다가 그가 나중에 말을 바꾸거나, 방송 직전에 마음이 바뀌어서 제보를 철회할 가능성이 있는지도 확인했다. 두 번의 서면 인터뷰를 진행했고 이 대표의 제보 의지는 확실하다는 걸 확인할 수 있었다.

제보자X와 이동재 기자와의 만남

제보자X는 제보 전 한 차례 이동재 기자를 만난 상황이었다. 취재를 시작하고 두 차례 더 만났다. 처음에는 한 기자의 취재윤리 위반을 취재하려던 아이템은 만남이 거듭되면서 검언유착 의혹으로 발전했다.

그들의 두 번째 만남은 2020년 3월 13일 장충동의 한 커피숍에서 이뤄졌다. 이곳에 MBC의 카메라 기자가 먼저 가서 손님처럼 대기하고 있었다. 만나는 장면을 촬영하면 좋지만, 무리할 필요는 없다고 일러뒀다. 취재를 들키지 않는 게 가장 중요했다. 제보자X와 이동재 기자의 2차 만남은 약 한 시간 정도 이뤄졌다. 카메라 기자는 둘의 대화 모습 일부를 휴대전화로 촬영하는 데 성공했다. 대화 내용 전체는 제보자X가 녹음했다. 그는 녹음파일을 MBC에 제공했다. 이날 이동재 기자는 채널A 후배 백승우 기자와 함께 나왔다.

이동재 선생님 저도 이런 거 하기 싫지만. 전화 한 번씩만 다 꺼
　　　　내보면. 저도 이런 거 싫지만.

제보자X 여기 있어요. 전화.

이동재 녹음하고 계신가 싶어 가지고… 주머니도 한 번씩만
　　　　좀… 죄송한데.

제보자X 아 그러지 맙시다.

이동재 아휴 진짜 제가 하도 여러 번 당해 가지고….

이동재 기자는 서로 녹음하지 말자며 소지품을 확인했고 이후 본격적인 대화가 오갔다. 대화는 1시간 정도 이뤄졌고 제보자X는 먼저 자리를 떴다. 이후 이 기자와 백 기자가 나눈 대화를 커피숍에 있던 MBC 카메라 기자가 들었다.

이동재 야 녹음 잘됐냐?

백승우 (녹음한 걸 꺼내서 들어본 뒤) 네 녹음 잘됐습니다.

먼저 녹음하지 말자며 소지품 검사까지 하더니 정작 자기들은 다 녹음했던 것이다.

한 걸음 더 진전하다

이동재 기자는 이날 검찰 고위관계자와 통화한 내용이라며 녹취록을 제보자X에게 보여준다. 먼저 이동재 기자가 읽어준 녹취록 내용은 이렇다.

[이동재 기자가 읽은 검찰 고위관계자의 녹취록]

"언론이 보도하고, 언론사 기자가 제보 내용을 검찰에 말해주는 형식 자체가 왜 문제가 되냐. 전혀 문제 될 게 없다 그 형식은. 그다음에 그 전에 말한건… 얘기를 들어보고 나한테 알려 달라 얘기가 될 거 같으면" "서로… 우리도 수사팀에 그런 입장을 전달해줄 수 있다. 수사를 막는 게 아니라 오히려 양쪽에 도움 되는 것이다." 그리고 "사법절차에서 당사자의 성의 있는 진술은 효력이 발생할 수밖에 없다. 이것은 당연한 것이며" 그다음에 "언론에서 때려봐. 당연히 반응이 오고 수사도 도움이 되고 이거는 당연히 해야 되는 거고 양쪽에 도움이 되는 것이다"라고 하면서 중간중간에 계속 얘기를 달래요.

그리고 녹취록을 제보자X에게 보여준다. 제보자X는 이를 읽었는데 소리가 작아 정확히 들리지 않는 부분이 많았다.

[제보자X가 읽은 검찰 고위관계자의 녹취록]

만나봐 자네가 쟤네가 무슨 얘길 하는지 근데 제가 그 얘길 했어요. … 검찰에서 모두에게 이익이 된다고 해서 해야되는 수사를 안 할 순 없다. 당연하지 훨씬 낫지. 사법절차가. … 불러 놓고 얘기를 하면 재산관계 나오고. 근데 징역 14년인데 이렇게 있게 되면 정 그러면 … 돈이야 어차피 지금 드러나니까 이철 저 새끼 많지, … 망쳐놓고 싶으면 와이프 처벌하고 한 두 분 정도 긍정적으로 될 수도 있고 … 돈 흐름 전달책 정도 정리해줄 수 있어요. 수사는 마무리되고. 그렇게 얘기를 하고 나서는 수사에 의혹을 해봐. 해보고 다시 말씀 드릴게요. 현실성 있는 내용 담아서.

검찰 고위관계자와 이동재 기자의 대화 녹취록을 죽 읽은 것으로 이동재 기자가 말한 부분도 상당히 담겨 있는 것으로 보인다. 검찰 고위관계자가 실제로 저런 말을 했는지 알 수 없었다. 이철 대표를 속이기 위해 이동재 기자가 가상의 녹취록을 만들어냈을 가능성도 있었다.

제보자X는 3월 22일 이동재 기자와 세 번째로 만났다. 이번엔 채널A 본사로 찾아갔다. 이날 이동재 기자는 통화녹음 파일을 들려줬다. 제보자X는 듣자마자 한동훈 검사장이라고 확신했다고 한다. 그의 목소리가 특이하기도 하거니와 녹취록의 주인공이 한동훈일 거라고 예상하고 이 기자를 만나기 전 그의 언론 인터뷰를 찾아 여러 번 들어봤는데 녹음파일을 듣자마자 더 들어볼 것도 없이 확실했다는 것이다. 이동재 기자는 녹취록의 주인공이 한동훈 검사장이라고 특정해줬다.

이동재 인터넷 쳐서 나오는 윤석열의 가장 최측근 그 검사장입니다. 예. ○○ 그게 바로 찾으면 나올 거에요. 누군지 바로 알아…
(중략) 한 뭐시기라고 있어요. ○○ 찾아보면 나와요. 바로 찾으면 나와요. 제가 여기까지 말씀드릴게요.

제보자X 전 이름… 잘 몰라요 그렇게 말씀해주셔도.

이동재 윤석열 한 칸 띄고 최측근 이렇게 치면 딱 나오는 사람 그 사람이에요, 네네.

백승우 네이버 치시면 나와요.

제보자X 아아 네.

누군가 이동재 기자와 이철 대표 문제를 논의하고 있다는 사실은 확인됐다. 그리고 이동재 기자는 '누군가'를 한동훈 검사장이라고 특정해줬다. 기사는 '검언유착 의혹'으로 커졌다.

왜 이철인가?

이동재 기자는 무엇을 근거로 이철 대표가 유시민 이사장에서 돈을 줬다고 의심하고 있었을까? 이철 대표는 노무현 정부 시절 국정홍보처장을 역임했던 김창호에게 수억 원대의 불법 정치 자금을 건넨 바 있다. 이 사건으로 인해서 김 전 처장은 징역 1년 6개월을 선고받았다. 검찰과 이동재가 이철 대표를 주목했던 이유는 이 사건 때문일 가능성이 높다. '김창호에게만 줬겠어?'라고 판단했을 것이다. 참여정부 시절 잘나갔던 다른 정치인들에게도 건넸을 것이고 신라젠 대주주였으니 회사의 성장을 위해선 정치권 인사들에게 잘 보이려 노력했을 것이라고 의심한 것으로 보인다. 이같은 의심을 하는 이들에게 유시민 전 장관이 이철 대표의 VIK에서 강연한 사실은 사건을 만들기에 딱 좋은 소재였을 것이다.

의심스러운 상황이 있으면 거기에 조금만 덧칠을 해도 누군가를 엮기 쉬워진다. 이게 지금까지 검찰이 해왔던 수법이다. 2020년 4월 총선을 목전에 두고 보수언론과 검찰은 어떻게 해서든 정국을 뒤흔들 '사건'이 절실했을 것이다. 사건이 자기들 마음대로 터지는 건 아

니니 만들어보려고 한 것이고. 그러니 이들에게 이철이 유시민에게
실제로 돈을 줬는지는 중요한 문제가 아니었다. 중요한 건 이철이 '돈
을 줬다'고 말하는 것이었다.

3

가감 없이 '세계' 보도할 것

3차 만남 다음 날(3월 23일) 이동재 기자는 제보자X에게 전화했다. 그는 제보자X의 이름이 무엇인지 캐물었다. 유시민과 관련된 특종을 할 거라는데 정신이 팔려 신경 쓰지 않다가 제보자의 의도가 뭔가 이상하다는 낌새를 챘던 것으로 보인다.

이동재 어저께 이제 말씀 나눈 걸 종합적으로 했더니 막 진전 사
　　　항이 없다고 대박 깨졌어요. 뭐 저한테 뭔 새끼 하면서 말
　　　이 안 된다는 거예요 이게.
제보자X 뭐가 말이 안 돼….
이동재 취재원 이름도 모르냐 너는 그래 가지고 제가 선생님 취
　　　재원 이름이 뭐냐고 저한테 막 그러니까….

(중략)

제보자X 그런 편지 받으면 얼마나 공포스러웠겠냐고. 두렵겠냐고.

이동재 그런 편지 받으면 공포가 아니라….

제보자X 그리고 거기다 대고 이 기자 이 뭐라고 그러셨어요?

(…) 이거 얘기를 안 하면 징역을 5년을 받을 수 있다 10년

을 받을 수 있다 부인이 구속될….

이동재 일반적인 거잖아요. 당연히….

제보자X 부인이 구속될 수 있다. 이거는 협박 아닙니까 어떻게

보면….

이동재 제가 협박을 했다고요?

제보자X 이제 그만하시죠. 끊으시죠.

저도 이제 전화 안 받을 테니까.

이동재 아니…. (통화종료)

제보자X와 이동재의 연락은 이게 마지막이었다. 이동재 기자가 갑자기 태도를 바꿔서 제보자X를 추궁한 것은 MBC가 이 사항을 취재 중이라는 정보가 샜기 때문이라고 생각한다. 정보는 MBC 내부에서 샜을 가능성이 높았다.

보도를 할지 말지, 어떻게 보도해야 할지, 결정해야 할 시점이었다. 2020년 3월 말, 당시 사회부장이던 박범수 선배에게 기사를 발제했다. 기사를 낼지 말지 1차로 결정하는 건 부장의 의사가 가장 중요

했다.

늘 처리해왔던 평범한 기사를 다룰 때는 그 기자가 어떤 사람인지 잘 드러나지 않는다. 어려운 기사나, 특종을 다룰 때 그 기자가 어떤 사람인지 비로소 드러난다. 박범수 선배가 이 기사를 어떻게 처리할지 짐작이 되질 않았다. 함께 특종 기사를 써본 적이 없었으니까.

부장은 표정 변화 없이 발제를 받았고(박 선배는 원래 표정에 별 변화가 없는 사람이다), 이틀간 별 반응이 없었다. 보통 기사를 발제하면 바로 피드백이 오기 마련이다. 이틀간 별 말없이 고민했다는 건 부장도 이 기사를 무겁게 받아들이고 있다는 뜻이었다. 기다리는데 애가 탔다. 정치적 논란을 피하기 위해선 될 수 있으면 빨리 보도하는 게 맞다고 생각했다. 고민하느라 시간이 지체되면 4월 11일 총선을 코앞에 두고 보도해야 되는 상황이었다. 그렇게 되면 보도 시점 때문에 정치적 논란에 휩싸일 게 뻔했다. 불필요한 논란은 피하는 게 상책이다.

이틀 뒤 부장은 시경 캡과 나를 불렀다.

"특종이니까 리포트 수를 늘려서 보도해야 할 것 같은데. 정확히 어디까지 취재가 된 거지?"

부장 지시에 따라 추가 서면 인터뷰 등 보충 취재를 했다. 마지막으로 반론 취재에 들어갔다.

4

생애 첫 특종 보도와 주변의 시선

각자의 입장들

이동재 기자, 한동훈 검사장, 채널A, 대검찰청, 서울남부지검에 입장을 물어봤다.

1. 한동훈

한동훈 검사장은 전화를 받지 않았다. 방송 하루 전인 3월 30일 오후 2시 41분에 한 검사장에게 문자를 보냈다.

> MBC 장인수 기자입니다. 취재 중인 게 있어서 전화드렸습니다.
> 연락 부탁드립니다.

답이 없었다. 오후 4시 27분에 다시 문자를 보냈다.

신라젠 취재중에 검사님이 기자와 이야기를 나눈 녹취록을 입수
했습니다. 이에 관하여 여쭙고자 합니다. 반론 없으시면 방송은
반론 없이 나가게 됩니다. 연락부탁드립니다.

30분 뒤에 한 검사장이 답을 보내왔다.

안녕하세요. 무슨 말씀을 하시는 것인지 제가 알지 못하겠으니,
문자로 구체적으로 질의해 주시면 좋겠습니다. 근거없는 의혹제
기에 신중을 기해 주시기 바랍니다.

무슨 말씀을 하는 건지 알지 못하면 전화를 받지 않을 이유가 없
었다. 한 검사장은 이미 MBC의 취재 내용을 다 알고 있었으면서도
모른 척했다. 오후 6시 12분에 검찰에 보냈던 질문지를 한동훈 검사
장에게 보냈다.

MBC 장인수 기자입니다.
MBC는 최근 서울 남부지검에서 수사중인 신라젠 사건과 관련해
취재중입니다.
취재 내용은 한 종편 기자가 형을 받고 살고 있는 사건 관련자에

게 접근해 취재하는 과정에서 검찰에서 취재한 내용을 흘려주고 이를 협박의 수단으로 삼았다는 것입니다.

이 기자는 검찰 고위층과의 관계를 자랑했고 자신에게 협조하면 검찰에 얘기해 선처를 받게 해줄 수 있다고 사건관계인에게 말하기도 했습니다.

검찰 도움 없이 알 수 없는 정보들로 사건 관계인을 현혹하기도 했습니다.

이 기자는 취재 과정에서 자신이 검찰 고위층과 친하다는 걸 입증하기 위해 부산고검의 한동훈 차장 검사와의 전화 통화 내용을 제시하기도 했습니다.

MBC는 이 녹취록 일부를 입수했고 기자의 비윤리적인 취재가 검찰 도움 없이는 이뤄질 수 없는 것이었고 또 검찰이 신라젠 사건 수사와 관련해 이 종편 기자와 긴밀하게 협조하고 있다는 사실을 확인했습니다.

이에 대해 남부지검과 한동훈 차장 검사에게 연락하고 있지만 아직 연락이 닿지 않고 잇는 상황입니다.

검찰 측의 반론이 없을 경우에는 저희가 취재한 내용만으로 방송할 수밖에 없습니다.

방송은 뉴스데스크 3월31일 4월1일 이틀에 걸쳐 나갈 예정입니다.

소속 MBC 보도국인권사회팀 장인수 기자

취재내용과 목적: 위에 기재

연락처: 010-○○○○-0473 mangpoboy@naver.com

6시 56분 다시 문자가 왔다.

장 기자님. 주신 내용은 질문이 아니네요. 저에게 구체적으로 질
문을 해 주시면, 제가 성실히 답을 드리겠습니다.

특유의 깐족거림이 느껴졌다. 뜨거운 게 올라왔지만 취재가 우
선이었다. 7시 28분에 질문지를 문자로 보냈다.

질문입니다.
- 부산에 계신데 채널A 기자와 남부지검 수사 내용과 기자의 취재
내용을 수시로 논의하신 거는 적절하지 않아 보입니다. 이에 대해
서 어떻게 생각하시나요?
- 채널A 기자는 검사장님과의 통화내용을 이철 전 대표 측에 제시
했습니다. 특히 수사에 협조하면 선처하겠다는 검사장의 발언을
강조해서 이철 측에 제시합니다. 이같은 사실을 아셨는지요?
- 기자와의 대화를 보면 검사장님도 채널A 기자가 검사장님과의
대화를 이철과 협상하는데 사용했다는 사실을 알았을 걸로 보입
니다. 이같은 사실을 예상하지 못했나요?
- '검찰과 한배를 타는 거다' '법정을 연결해 줄 수 있다. ○○○수

석은 믿을 만한 좋은 친구다' '얘기를 들어보고 나한테 알려달라'
라는 등의 발언은 기자와 친분이 있다 하더라도 검찰 관계자로서
이 사건을 취재하는 기자에게 하기는 부적절한 발언으로 보입니
다. 이에 대한 검사장님의 입장은 무엇입니까?

- 기자는 전화통화에서 최경한 측에서 자금이 신라젠에 투자됐다
는 얘기를 들었다며 검사장님께 전합니다. 이를 관련 수사팀에 전
달하셨는지요?

- 채널A 기자는 신라젠 수사와 관련해 검찰 고위층과 대화중에
'유시민 이름이 언급됐다'고 말합니다. 이같은 얘기를 채널A 기자
에게 하신 적이 있으신지요?

  드디어 입장을 보내왔다.

장인수 MBC 기자님.

저는, 신라젠 사건 수사를 담당하지 않고 있어 수사상황을 알지도
못하고, 그 사건 관련하여 언론에 수사상황을 전달하거나 질의하
신 것과 같은 대화를 언론과 한 사실이 전혀 없습니다. 물론, 언론
과 검찰관계자를 연결해 주거나, 언론 취재내용을 전달한 사실도
전혀 없습니다.

그러니, (장 기자님께서 입수했다고 말씀하신) 제가 신라젠 사건 관
련 대화를 하는 것이 녹음된 녹취록이라는 것이 존재할 수도 없습

니다. 제가 그런 말을 하는 것이 녹음된 녹음이나 녹취록이 정말 있으시다면 보도하시기 전에 반드시 제 음성이 맞는지 등을 확인해 주시기 바랍니다.

저는 그런 말을 한 사실이 없으므로, 제가 하지 않은 말을 제가 한 말인 것처럼 오해될 수 있게 보도하실 경우 부득이 법적 조치를 할 수 밖에 없음을 말씀드립니다.

자신이 기자와 나눈 대화 녹취록을 확보했다는데 그 기자가 누군지 무슨 내용인지 궁금하기 마련이다. 그런 대화를 나눈 적이 없는데 대화한 것처럼 기자가 자기 이름을 팔고 다녔다면 펄쩍 뛸 일이었다. 하지만 한동훈은 차분했고 무슨 일이 일어난 건지 궁금해하지 않았다. 신라젠 관련 대화를 언론과 한 적이 없다는 그의 답변은 후에 거짓말로 드러났다. 한 검사장은 2020년 2월 13일에 부산지검에서 이동재 기자를 만나 신라젠 사건에 대한 대화를 나눴다. 이 녹취록과 대화녹음 파일이 나중에 공개됐다. 한동훈은 오후 늦게 다시 한번 자신의 입장을 문자로 보낸다.

장인수 MBC 기자님.

분명히 말씀드리지만, 저는 신라젠 사건 관련하여 말씀하시는 대화나 발언, 통화를 한 사실 자체가 전혀 없습니다. 그 해당 언론에 반드시 제 말이 맞는지 확인해 주십시오. 그러면 바로 제가 한 말이 아니라는 점을 확인하실 수 있을 것입니다. 제3자들 간의 과거 대화를 가지고 마치 제가 부적절한 발언을 한 것처럼 보도하실 경우, 명백히 법적 책임을 물을 수 밖에 없다는 점을 다시 한번 말씀드립니다.

해당 언론에 확인해 달라는 말을 보고 채널A와 이미 조율이 됐구나라는 느낌을 강하게 받았다. 이 느낌은 정확했다. 나중에 밝혀진 일이지만 한동훈은 이 당시 내게 받은 문자를 그대로 채널A 기자(법조 데스크 배〇〇)에게 전달했고 MBC에 보낼 답변까지 채널A 먼저 보내 이런 식으로 보내면 될지 협의했다. 한 검사장은 법적 책임을 묻겠다는 말을 반복했다. 그러면 겁을 먹을 거라고 생각했던 것 같다. 사람 한참 잘못 봤다. 기사를 쓰면서 권력자가 무서웠던 적은 없다. 기사 내용이 팩트가 맞는지가 두려웠을 뿐이다.

2. 이동재

이동재 기자는 아예 전화를 받질 않았다. 문자를 보내도 답이 없었다.

3. 채널A

채널A는 질문지를 공문으로 달라고 했다. 실소를 금치 못했다. 채널A 기자들은 취재할 때 질문을 공문으로 보내나? 사실상의 취재

거부였다. 채널A는 3월 31일 저녁 자사의 간판 보도 프로그램인 뉴스 A를 통해 다음과 같은 입장을 밝혔다.

방금 전 MBC가 보도한 채널A의 신라젠 사건 정관계 연루 의혹 취재 과정에 대한 채널A의 입장을 밝혀드리겠습니다.

채널A는 지난 22일 사회부 이모 기자가 신라젠 전 대주주인 VIK 이철 전 대표의 지인이라는 실체가 불분명한 취재원을 접촉해 온 사실을 알게 됐습니다.

또 피의자인 이철 전 대표에 대한 검찰의 선처 약속을 받아달라는 부적절한 요구를 받아온 사실도 파악하고 즉각 취재를 중단시켰습니다.

이철 전 대표의 지인이라는 인물에게도 23일 이 전 대표의 선처 약속 보장은 가능하지 않은 일임을 다시 한번 분명하게 전달하고 취재 중단 사실을 통보했습니다.

채널A는 해당 기자가 취재원의 선처 약속 보장 등 부당한 요구를 받아들인 적은 없으나, 취재원에 대응하는 방식에 문제가 있었는지 전반적인 진상을 조사하고 있습니다.

채널A는 취재과정 조사 결과와 회사 내부 규정에 따라 책임을 묻는 조치를 취할 예정입니다.

MBC는 검찰에 선처 약속을 요구한 취재원과 채널A 기자가 만나는 장면을 몰래카메라로 촬영하고, 해당 취재원으로부터 기자와의 대화를 몰래 녹음한 내용을 제공받아 보도했습니다.

MBC가 사안의 본류인 신라젠 사건 정관계 연루 의혹과 무관한 취재에 집착한 의도와 배경은 무엇인지 의심스러우며, 취재윤리에 어긋나는 게 아닌지 묻고 싶습니다.

채널A는 MBC 보도 내용에서 사실과 다른 부분이나 왜곡 과장한 부분은 법률에 정해진 절차에 따라 엄정하게 대응할 계획입니다.

MBC가 채널A 기자를 몰래 촬영한 걸 두고 '취재윤리에 어긋난 게 아닌지 묻고 싶다'고 했다. 자기들은 취재할 때 몰카 안 쓰나? 조·중·동은 왜 자기들이 늘 해온 걸 남이 하면 안 된다고 주장하는지 모르겠다.

내 눈길을 끌었던 건 MBC가 이동재 기자를 몰래 촬영한 사실을 채널A가 어떻게 알았는지였다. 이때까지 이동재 기자를 몰래 촬영했다는 사실을 외부에 알린 적이 전혀 없었기 때문이었다. 답은 하나였다. MBC 내부에 세작이 있었다. 나중에 알게 됐지만, 채널A는 MBC가 어떻게 취재했고 어떻게 보도될지 알고 있었다. 심지어 MBC 보도국의 아침 편집회의(국장과 부장이 모여서 그날의 보도 내용을 결정하는 회의) 내용까지 다 알고 있었다.

4. 대검찰청

권순정 당시 대검 대변인에게 전화를 걸어 취재 중인 내용을 설명하고 입장을 물었다. 권 대변인은 대검이 입장을 밝힐 사항이 아닌 걸로 보인다고 했다. 대검 입장은 없고 보도 내용에도 담지 않는 걸로 정리했다. 권 대변인과의 대화는 부드럽게 진행됐다. 역시 후에 알았는데, 그는 MBC가 검언유착 의혹을 보도한 3월 31일부터 4월 3일까지 손준성, 한동훈과의 카톡방에서 수백 차례 대화를 나눴다. 그리고 4월 3일 고발사주가 실행됐다. 이후 카톡방은 폭파됐다. 그가 고발사주에 가담했다고 의심할 수밖에 없는 상황이다.

5. 남부지검(신라젠 수사 담당)

남부지검 입장은 반드시 물어봐야 했다. 수사정보가 남부지검에서 이동재 기자에게 새고 있는 정황이 명백했다. 남부지검은 예상 외로 구체적인 답변을 보내왔다. 답변 요지는 남부지검 소속 검사들이 신라젠 사건과 관련해 종편 기자를 접촉하거나 취재 요청을 받은 사실이 없고 수사 내용을 언론에 유출한 적이 없다는 것이었다. 각 반론은 리포트에 충실히 반영했다.

생애 첫 특종 보도 그리고 주위의 비난과 걱정

3월 31일 관련 보도가 방송됐다. 톱뉴스는 아니었다. 2개의 리포트가 각각 6, 7번째로 보도됐다. 첫 번째 리포트 〈[단독] "가족 지키려면 유시민 비위 내놔라"··· 공포의 취재〉는 이 취재를 함께 진행한 신수아 기자가, 두 번째 〈[단독] ○○○검사장과 수시로 통화 녹취 들려주며 압박〉은 내가 각각 리포트했다. 예상을 뛰어넘는 특종이었다. 시청자들은 물론이고 특히 기자들 사이에서 엄청난 이슈가 됐다. (물론 다들 보도에는 소극적이었다.) 다음 날에는 톱으로 다섯 개의 리포트가 보도됐다. 세 번째 날에도 윤석열 총장 최측근 한 뭐시기의 목소리가 맞는지를 따지는 리포트를 보도했다.

첫날 보도 직후 KBS 법조팀이 자료를 공유해달라고 요청해 왔다. 적극적으로 보도하겠다는 의지도 함께 전해왔다. KBS 같은 큰 언론에서 후속 보도를 해주면 MBC 보도는 더 큰 특종이 된다. 제보자X의 동의를 얻어 대부분의 취재 자료를 KBS에 넘겼다. 한 가지 찜찜한 게 있었다. KBS 법조 기자들이 이 자료를 친한 검사들에게 넘기지 않으리라는 보장이 없었다. KBS는 4월 1일 뉴스9에서 19번째(마지막)에 리포트 하나를 보도했다. 딱 봐도 면피용 보도였다. 아무 보도도 안 했다는 욕을 먹지 않기 위한 보도를 보고 찜찜함은 더 커졌다. 하지만 어쩌랴, 자료는 이미 넘긴 것을.

그나마 KBS가 나은 것이었다. 많은 언론이 MBC 보도를 외면했다. 하지만 뒤에선 그렇지 않았다. 기자들의 관심사는 이동재·한동훈·이철이었고, MBC 보도에 대해 이야기꽃을 피웠다. 세상은 온통 그 사건에 대한 이야기로 가득한데 지면에는 그 사건 보도가 한 줄도 나오지 않는 기현상. 대한민국에서 가끔 벌어진다. 보도 초반 채널A 사건이 딱 그랬다.

보도 후 시선집중이나 뉴스공장 등에 출연하면서 세상에 이름을 좀 알릴 수 있었다. 하지만 기자를 고발한 탓에 많은 기자들 사이에선 공공의 적이 돼버렸다. 한 친한 기자는 "네 평판에 대해 신경 좀 쓰라"는 조언을 해줬다. '블라인드'라는 사이트에 가면 너에 대한 비난 글이 많다고 했다. 하지만 이미 한 보도를 취소할 수도 없었고 이미 생긴 평판이 신경 쓴다고 바뀔 것도 아니었다. 애초에 평판 같은 걸 신경 쓰는 성격도 아니었다.

검찰을 오래 출입한 친한 다른 기자는 "검사들이 벼르고 있으니 조심하라"고 했다. 역시나 내가 할 건 없었다. 조심한다고 해서 봐줄 검찰도 아니고… 좀 이상했다. 특종을 해서 신났는데 주변에선 우려와 충고, 심지어 경고까지 했다. 실제 검찰은 당시 나와 MBC에 대해 압수수색 영장을 청구했다. 다행히 법원이 영장을 기각했다. 이는 한참 뒤에 알게 된 사실이었다. 그런 줄도 모르고 당시엔 마냥 신나기만 했었다. 검찰이 압색 영장을 청구했다는 사실을 당시 알았다면 위축됐을까? 때로는 모르는 게 약이다.

기억에 남는 건 이동재 기자를 대하는 채널A의 태도였다. 방송통신위원회는 채널A의 재승인 허가를 앞두고 채널A 경영진을 불러 조사했다. 그들은 이동재 기자가 일을 열심히 잘하는 기자라고 했다. 실제로 이동재 기자는 검찰발 단독 기사를 많이 썼다. 기자들이 기자를 평가하는 기준은 독자나 시청자들과는 많이 다르다. 기자들은 이동재 기자처럼 출입처 단독을 많이 하는 기자를 최고로 친다. 나 같은 기자는 실력이 없어 제보자에게 의지하는 그런 기자일 뿐이다. 그래도 괜찮다. 기자들보다 시청자들에게 인정받는 게 훨씬 기분 좋다.

5

한동훈의 새빨간 거짓말 – 검언유착 시즌 2

유시민과 한동훈

3월 31일 검언유착 의혹 첫 보도를 하고 4월 1일 아침 유시민 노무현재단 이사장과 생애 첫 통화를 했다. 유 이사장은 "평소 술을 잘 안 마신다"며 "그런데 어제 뉴스를 보면서는 위스키를 한 잔 했다"고 말했다. 그러면서 "왜 나지? 나는 정치도 안 하고 가만히 있는데 왜 나를?"이라고 여러 차례 되물었다. 그의 흥분과 불안이 고스란히 느껴졌다. 보도를 보고 감정의 동요가 꽤 있었던 모양이다. 2019년 검찰은 사상 최대의 검찰력을 투입해 조국 전 법무부 장관과 그의 일가족을 탈탈 털었다. 언론이 합세했고 '성공적으로' 조국을 망가뜨렸다.

검찰의 다음 목표는 유시민이었다. 남부지검에 추가 수사 인력을 투입했고 이동재 기자를 통해 이철 대표를 압박하는 등 구체적인 행동에 돌입했다. 민주 진영에서 유시민이라는 이름이 가지는 무게와 상징성은 상당하다. 조국에 이어 유시민까지 망가뜨리면 총선을 승리로 가져올 수 있을 거라고 판단했을 것이다. MBC 보도로 그 시도는 초반에 좌초됐다.

보도 이후 한동훈 검사장에 대한 관심이 커졌다. 추미애 당시 법무부 장관은 윤석열 총장에게 한동훈을 감찰하라고 압박했지만 제대로 된 감찰은 이뤄지지 않았다. 정진웅 부장검사는 한동훈의 휴대전화를 압수하는 과정에서 그와 몸싸움을 벌였고 이후 독직폭행 혐의로 기소됐다. (이후 그는 대법원에서 무죄 확정 판결을 받았다.) 검언유착을 둘러싸고 벌어진 모든 '요지경' 중에서도 단연코 가장 어이없는 사건이었다. 법원이 발부한 압수수색 영장을 집행하러 간 검사가 압수품을 내놓지 않는 압색 대상자와 몸싸움을 벌였는데 기소를 당한 것이다. 앞으론 압색 나온 검사에게 압수품 안 내놓고 버티면 그만인 건가? 압수하려는 검사와 몸싸움을 벌이면 검사가 기소되는 건가? 상식의 안부를 묻지 않을 수 없다.

한동훈은 끝까지 수사에 협조하지 않았다. 검찰은 20자리가 넘는 한동훈 휴대전화의 비밀번호를 끝내 풀지 못했고 고스란히 휴대전화를 돌려줬다. 한동훈은 범죄자들에게 검찰 압색에 어떻게 대처하면 되는지를 생생하게 보여줬다.

한동훈의 휴대전화를 못 연 게 아니라 안 열었다고 보는 게 맞다. 검사들은 바보가 아니다. 의지가 있다면 해결할 수 있는 문제였다. 이를테면 몸에 대한 압수수색 영장을 받아서 한동훈의 지문을 확보해 휴대전화를 여는 방법도 있었다. 휴대전화를 여는 최신 기술을 외국에서 사오는 것도 가능했다. 하지만 검찰이 이런 수사를 했다는 보도는 없었다. 다른 범죄자들을 수사할 때는 이런 다양한 시도를 해온 검사들이 한동훈 검사장한테는 하지 않은 것이다. 만약 유시민이 한동훈처럼 행동했다면 어떤 일이 벌어졌을까? 구속 영장을 청구해 받았을 것이다. 물론 한동훈에게는 그러지 않았다.

검언유착 시즌 2 – 보도를 유튜브로 내보낸 이유

한동훈의 주장대로 그는 이동재와 신라젠 사건에 관해 논의한 적도 없고, 녹취록 또한 당연히 존재하지 않았던 것일까? 관련 내용을 이야기하기 위해선 시간을 좀 건너뛰어야 한다.

때는 김건희 7시간 녹취록 보도를 말아먹고 실의에 빠져 있던 2022년 1월 말. 1천여 장의 검언유착 의혹 사건에 대한 검찰의 수사 자료를 입수했다.

검언유착 보도 직후 검찰은 채널A에 대한 수사에 착수했고 이 수사자료를 관련 재판부에 증거로 제출했다. 이 자료를 입수한 것이다. 자료를 검토하면서 사건 당시엔 몰랐던 사실들을 알 수 있었다. 사건의 퍼즐 조각들이 꽤 많이 맞춰졌다. 7시간 녹취록 방송 이후 무력감에 빠져 있었는데 어느 정도 생기를 되찾을 수 있었다

문제는 MBC에서 보도하기 쉽지 않다는 것이었다. 7시간 녹취록 보도 이후 나는 회사에서 '관심병사'처럼 돼 있었다. 부장과의 관계를 생각하면 스트레이트에서 뭔가 보도를 한다는 건 불가능했다. 단 한순간이라도 그의 얼굴을 보고 싶지 않았다. 설사 발제를 한다 해도 보도하게 해 줄 리도 없었다.

부장을 건너뛰고 보도국장을 찾아가 관련 내용을 설명하고 보도를 하고 싶다고 했다. 국장은 스트레이트 부장, 법조팀장과 상의해보겠다고 했다. 즉답을 피한 원론적인 얘기였다. 내용을 알아야 검토를 해볼 수 있으니 자료를 한 장 한 장 복사해서 법조팀에다 가져다줬다. 자료가 방대해 바쁜 기자들이 다 보기 힘들 것 같아 중요 부분에 인덱스도 일일이 붙였다. 하지만 피드백은 없었다.

일주일쯤 지나 법조팀 후배 기자에게 자료를 검토했는지 물어왔다. 아직 보지 않았다고 했다. 후배는 법조팀 선배 기자가 보는 중이라 자기가 보기 어렵다며 종이 말고 파일로 달라고 했다. 복사해 온 자료라 파일은 없었다. 당시는 휴가중이라 살짝 짜증이 났다. 휴가중에 근무중인 기자들 허드렛일을 해야 했다. 하는 수 없이 복사집에 자료를 맡겨서 PDF 파일로 만들었고 이를 후배 기자에게 전달했다. 다시 일주일을 기다렸다. 역시나 피드백은 없었다. 관심 없다는 뜻이었다. MBC가 보도 안 하는 검언유착 의혹 사건을 다른 언론사가 할 리 없었다.

'유튜브로 내가 하자.'

윗사람들과 싸우고 설득하느라 힘 빼고 싶지 않았다. 김건희 7시간 녹취록 보도 이후 많이 지쳐 있었다. 유튜브용 기사를 썼다. 촬영과 편집은 김용민 목사가 운영하는 평화나무의 도움을 받았다. 첫 방송이 나가기로 한 당일(2월 16일), MBC 보도국장에게 전화가 왔다.

"너 유튜브로 방송한다며? 그거 MBC에서 방송하게 해줄 테니까, MBC로 들어와서 해. 유튜브로 방송하면 MBC 기자가 왜 MBC에서 방송을 못하냐고 사람들이 난리 칠 텐데 그냥 회사 들어와서 해."

보직자들은 자신이 책임질 일에 대한 촉만 발달했구나 싶었다. 안타깝게도 나는 그런 촉이 없다. '이거 재미있는데 아무도 보도 안 하네? 그럼 내가 하지 뭐' 이 정도 생각이 전부였다. 유튜브로 방송했다고 사람들이 MBC를 욕할 것 같지도 않았다. 7시간 녹취록을 보도할 때 시청자들한테 욕을 먹든 말든 신경 안 쓰고 결정하더니 갑자기 시청자들을 의식하는 것도 이상해 보였다.

여하튼 MBC에서 보도하게 해준다니 고민이 되긴 했다. MBC에서 보도하는 게 파장은 훨씬 클 게 분명했다. 하지만 아무런 대가 없이 기꺼이 촬영과 편집을 도와준 평화나무의 호의를 배신할 수 없었다. 평화나무에선 이미 방송 준비를 다 끝내놓은 상황이었다. 그런 평화나무 방송을 중단시키고 MBC로 돌아가 방송한다면 평화나무를 이용만 하고 버리는 게 된다. 그럴 순 없었다. 징계를 감수하고 준비한 대로 평화나무와 함께 준비한 방송을 유튜브로 내보냈다.

한동훈과 채널A의 관계

큰 특종은 아니었다. 그래도 자료에는 꽤 재미있는 내용이 많았다. 2020년 3월 검언유착 보도 후, 수사에 착수한 검찰은 한동훈의 휴대전화를 끝내 열지 못했다. 이동재 기자도 휴대전화 메모리를 물리적으로 삭제(디가우징)해 그 안에서 어떠한 자료도 얻지 못했다. 그런데 검찰은 채널A 법조팀장 배혜림 기자와 법조팀 백승우 기자의 휴대전화를 압수수색해 그들이 이동재 기자와 나눴던 대화 내용을 확보했다. 이 중에는 의미 있는 내용이 꽤 있었다.

대화 1

강XX는 채널A 기자로 당시는 기획실에서 근무하고 있었다. MBC 보도 후 채널A는 진상조사에 착수하는데 강 기자는 이 업무를 담당했다. 그는 이동재 기자와 한동훈 검사장의 녹취록 내용을 보고 배 팀장에게 '누가봐도 한동훈 음성지원('지우너'는 '지원'의 오타로 보인다)'이라고 카톡을 보냈다. 채널A 관계자들도 이동재 기자가 한동훈 검사장과 녹취록의 대화를 나눴다고 생각하고 있던 것이다. 내부에선 한동훈이 맞다고 생각하고 있었으면서 대외적으로 짐짓 아닌 척, 모르는 척 했던 것이다.

대화 2

> **2020년 4월 2일**
>
> 배혜림 기자
>
> 한동훈 검사장은 MBC 기자가 전화를 걸어왔다고 알려와 전화를 받지 않고 문자메시지로 대응하겠다면서 '안녕하세요. 무슨 말씀을 하시는 것인지 제가 알지 못하겠으니, 문자로 구체적으로 질의해주시면 좋겠습니다. 근거 없는 의혹 제기에 신중을 기해주시기 바랍니다'라는 문구로 대응하는 방안을 상의
> 한 검사장은 오후 6시 14분 MBC 기자가 대검찰청 대변인실에 보낸 질의내용을 참고용으로 보내옴. 오후 7시 29분에는 MBC 기자가 한 검사장에게 보낸 질의내용을 추가로 보내옴
> 오후 9시 보도본부장이 주재하고 부본부장과 사회부장과 회의하는 도중 한 검사장에서 두 차례 전화를 받았고 녹음파일과 녹취록의 유무를 묻는 질문에 녹음파일은 없고 그러므로 녹취록은 없다는 취지로 답변

여기서 말하는 MBC 기자는 나다. 한동훈이 MBC 취재 내용을 채널A와 긴밀하게 상의했다는 사실이 적나라하게 드러난다. 한동훈 주장대로라면 이동재 기자가 자신의 이름을 팔고 다닌 게 된다. 그런데 채널A에 항의하기는커녕 내가 대검에 보낸 질문지까지 채널A에 참고하라고 보냈다. 채널A와 한동훈이 공범이라는 정황 증거다.

또 하나, 한동훈은 내게 '녹음된 녹취록이라는 것이 존재할 수 없다'고 답했다. 그런데 채널A에는 그 녹취록과 녹음파일이 존재하는지 물어봤다. 존재할 수 없는 녹음파일을 채널A가 가지고 있을 수 있다고 그는 왜 생각한 걸까. 이 대화 말고도 배혜림 팀장의 휴대전화에서 그와 한동훈 검사장이 나눈 대화가 여럿 발견됐다. 한동훈은 배 팀장에게 녹취록이 없다는 공식 발표를 채널A가 해달라고 여러 차례 '부탁'했다. 배 팀장이 이를 들어주지 않자 윗선인 보도본부장의 휴대전화 번호를 물어봐 그에게 직접 연락해 재차 부탁했다. 당시 한 검사장이 당시 많이 급했나 보다.

대화3

채널A 법조팀 단톡방 2020년 2월 11일

이동재 기자

신라젠 인원 분장 관련 법무부 겐세이 얘기는 내일 발제로 올려보겠습니다.

(풀아님) '신라젠 · 라임 모두 충원' 강조했지만 법무부 '견제' 의혹

당시 윤석열 총장은 민생을 헤치는 두 가지 큰 범죄로 신라젠과 라임 사건을 지목했다. 이를 수사하는 남부지검에 수사 검사를 추가로 파견했다. 이동재 기자가 보낸 카카오톡 내용은 이같은 윤 총장 행태에 대해 추미애 법무부 장관이 '겐세이(견제)'를 하고 있다는 뜻이다. '풀아님'은 다른 기자는 모르는 나만 알고 있는 정보라는 뜻이다.

한동훈은 이런 식으로 여러 차례 검찰 수사 내용이나 이슈에 대한 자신의 생각을 이동재 기자에게 전달했다. 이런 식으로 한동훈이 정보를 주면 이동재 기자는 그걸 회사에 발제한다. 신천지 수사와 관련해선 한동훈이 직접 기사의 방향을 정해주다시피 했다. 검언유착의 적나라한 모습이다.

대화4

> **배혜림 채널A 법조팀장 카카오톡**
> **2020년 2월 10일**
>
> 이동재 기자
>
> > 검찰 신라젠 대상자 관련 접촉 포인트
> > 이철 일가
> >
> > − 손XX(아내), 이X(아들), 양XX(며느리)
> > − 등기상 소유자로 적힌 곳은 양주 소재
> > 아파트 4곳(ENG 촬영 모두 완료)
> > − 현재 양주시 고읍로 117−7 2XX동 7XX호
> > 에 실거주 가능성 높아

　　이철 대표 가족들의 이름, 전화번호, 주소가 그대로 적시돼 있다. 수사기관에서 흘려주지 않는 이상 기자들이 알 수 없는 개인정보다. '검찰 신라젠 대상자 관련 접촉 포인트'라고 적은 걸로 봐선 검찰에서 받은 정보로 보인다. 취재에 참고하라고 민감한 개인정보까지 줄 정도라면 이 사건은 처음부터 검찰이 기획해 채널A에 외주 준 사건일 가능성이 크다.

　　백승우 기자의 휴대전화에서도 한동훈과 이동재 기자가 나눈 대화 내용 캡처가 다수 발견됐다. 한동훈이 이동재에게 메시지를 보내면 이동재는 후배인 백승우에게 참고하라며 보낸 것으로 추정된다.

2024년 6월, 이재명 대표는 "마치 검찰의 애완견처럼 주는 정보 받아서 열심히 왜곡 조작하고 있지 않습니까?"라고 말했다. 이에 대해 한동훈 당시 국민의힘 대표는 "'애완견' 운운하는 비뚤어진 언론관은 가짜뉴스 못지않게 위험합니다. 민주주의를 위협하기 때문입니다"라고 비판했다. 이동재는 한동훈의 '애완견' 아니었나?

6

그리고 남은 이야기

검언유착 의혹 보도가 2020년 3월이었으니, 어느덧 4년이 훨씬 지났다. 사실이 이 보도는 2019년을 달군 '조국 사태'에 대한 반성의 결과물이었다. 조국 장관 수사를 지켜보며 많은 시민들이 보수 언론과 검찰이 결탁해 자신들에게 위협이 되는 정치인들을 제거한다는 사실을 깨달았다. 검찰 수사는 과도했고 언론 보도는 자극적이었다. 대부분의 수사 과정은 언론을 통해 생중계됐다. 기자들은 조국의 집 앞에서 종일 진을 치면서 그의 가족들까지 탈탈 털었다. 당시 조국은 무간지옥에 빠진 심정이라고 말했다. 이 모습을 지켜본 많은 시민들은 '왜 저렇게까지 해야 하지?', '대체 뭘 얻겠다는 거지?'라고 생각했다.

검언유착의 실체를 깨닫게 됐고 그것이 어떤 식으로 작동되는지 생생하게 목격했다. 조국 사태가 마무리되자, 검찰과 보수 언론이 다음 목표를 유시민으로 정했다. 조국을 털었던 방식 그대로 그를 털려고 한 사실이 밝혀지면서 충격은 엄청났다. 이 사건은 기자가 엄청난 취재를 한 것은 아니었다. 제보가 어떤 기자에게 갔든 그 기자가 검찰의 눈치를 보지 않을 용기만 있다면 충분히 취재해서 보도할 수 있었다.

제보자와 기자, 그 사이의 신의 - 이철

이 보도를 위해 큰 용기를 낸 사람, 보도 이후 가장 큰 부담을 안게 된 사람은 이철 대표다. 제보 당시 그는 이미 징역 12년 형을 받은 상황이었다. 제보 직전엔 검찰의 추가 기소로 1심 법원에서 징역 2년 6개월을 선고받았다. 그가 운영한 밸류인베스트먼트코리아VIK는 투자금을 모아 성장 가능성이 높은 회사에 투자해왔다. 검찰은 이 중 일부를 기소해 유죄를 받아냈다. 검찰이 마음만 먹는다면 다른 투자금들에 대해서도 추가 기소해 유죄를 받아낼 수 있는 상황이었다. 또 사업을 하면서 생긴 고소 고발 사건도 많았다. 이 사건들을 캐비닛에서 꺼내 수사해 기소할지는 전적으로 검찰 마음이었다. 이철 대표는 이런 상황에서 제보한 것이다. 보도는 지나갔고 시간도 오래 흘렀다. 그가 제보 당시 먹었던 마음을 바꾼다 해도 이상하지 않은 일이다. 어쩌면 다 포기하고 검찰이 원하는 얘기를 할까 고민했을 수도 있다.

"그때 그렇게 제보한 건 제 뜻이 아니었습니다. 장인수 기자가 왜 저런 식으로 보도했는지 모르겠습니다."

이 한마디가 뭐가 그리 어려웠겠나. 하지만 이철 대표는 끝까지 그렇게 하지 않았다. 이철 대표를 좋은 사람이라고 포장할 생각은 없다. 어쨌든 유죄 판결을 받았고, 지금도 형을 살고 있으니 그 부분에 대해서 내가 왈가왈부할 입장은 아니다. 다만 내게 이철 대표는 자기가 한 말을 지키는 사람이다. 처음 관련 사건을 제보받았을 때 변호사를 통해 이철 대표에게 물었다.

"당신은 지금 교소도에 있고 보도가 나가면 이런저런 압박을 많이 받을 텐데 흔들리지 않을 자신이 있습니까? 그럴 자신이 있다면 취재를 시작하겠습니다."

그는 답을 보내왔다.

"보도만 해주십시오. 이건 너무나 부당하고 비열한 공작입니다. 이런 일이 있어선 안 됩니다. 한편으론 무섭지만 분노하는 마음이 훨씬 큽니다."

검언유착 보도 이후 검찰은, 이철 대표와 관련한 6건의 사건에 대해 추가 수사 및 기소를 진행했다. 동시에 변호사들을 통해 여러 차례 회유한 것으로 알고 있다. 그 회유는 검찰의 '입맛'대로 증언을 바꾸면 추가 수사와 기소를 하지 않겠다는 얘기일 것이다. 하지만 이철 대표는 지금까지도 제보를 유지하면서 검찰의 추가 기소를 묵묵히 견디고 있다.

검찰은 이철 대표를 최경환 전 경제부총리에 대한 명예훼손 혐의로도 기소했다. MBC는 검언유착 의혹 보도와 함께 최경환 비리

의혹도 보도했다. 최경환이 지인들을 통해 신라젠에 거액을 투자한 것이 의심된다는 내용이었다. 보도 직후 최경환은 MBC와 취재기자(나), 이철 대표 등을 허위사실 유포에 의한 명예훼손 혐의로 고소했다. 하지만 검찰은 이철 대표만 기소했다. 제보자가 일부러 거짓 내용을 제보한 경우를 제외한다면 이런 경우 보통 수사기관은 제보자보다는 언론사의 보도 책임을 크게 본다. 이철 대표는 최경환과 관련된 내용을 제보하지 않았다. 사건을 설명하는 가운데 그와 관련한 내용이 나왔을 뿐이다. 하지만 MBC는 최경환 관련 의혹이 보도가치가 있다고 판단했고 보도했다. 그러니 기소하려면 MBC를 하는 게 맞다. 하지만 검찰은 MBC는 봐주고 이철 대표만 기소했다. 이철 대표를 고립시켜 MBC와 이철의 사이를 갈라놓기 위한 수법이 아닌가 의심된다.

재판 당시 이철 대표는 "최경환을 보도해달라고 제보하지 않았고, 취재기자가 묻길래 협조 차원에서 얘기했을 뿐이다. 기자는 최경환 관련 내용을 보도한다는 사실에 대해 나와 상의한 바도 없다"라고 진술했다. 맞는 말이었다.

나는 이 재판에 증인으로 출석해 이철 대표의 진술이 사실이라고 증언했다. 이후에 내 증언이 보수언론을 통해 기사화되면서 입장이 좀 난처해지기도 했다. 취재기자의 의견을 무시하고 MBC 수뇌부가 최경환 관련 의혹 보도를 억지로 밀어부친 것처럼 기사를 썼던 것이다. 그러거나 말거나 MBC만 살자고 MBC에 유리한 말을 지어낼 순 없는 노릇이다. 이 법정에서 이철 대표를 처음 보았고, 그 이후 지금까지 만난 적도 대화를 나눈 적도 없다. 법정에서도 말 한마디 나누지 못했다. 그래도 이철 대표는 여전히 제보자로서의 신의를 지키고 있다.

기자는 세상을 바꿀 수 있는가?

검언유착 의혹 보도는 사회적으로 엄청난 파장을 불러일으켰다. 하지만 사건에 연루된 두 명, 이동재와 한동훈 모두 처벌받지 않았다. '이런 모습을 보면 기자로서 힘이 빠지지 않냐'는 질문을 종종 받는다. 보도를 통해 누군가가 처벌받거나, 자리에서 내려오거나, 관련 법안이 새로 생기거나 바뀌는 것을 기자들은 영광으로 여긴다. 보도를 통해 세상을 긍정적으로 바꿀 수 있다. 하지만 어떤 방향으로 세상을 바꾸겠다는 목표를 세우고 그에 따라 보도하는 것은 지양해야 한다고 생각한다. 객관적인 사실을 있는 그대로 보도하기보다 그 사실이 사회에 미칠 파장을 고려해 보도 내용을 수정하려고 할 수 있기 때문이다.

보도 이후 벌어진 사회적 파장과 논란은 누가 통제할 수도 없거니와 기자가 개입할 수 있는 영역도 아니다. 그러니 분노할 필요도, 힘 빠질 일도 없다. '기자의 역할은 보도까지'라고 생각하면 된다. 물론 보도를 통해 가시적인 결과가 나오면 보람을 느낀다. 하지만 보도가 곧바로 사회에 긍정적인 변화를 불러온다고 생각하면서 보도하는 경우는 드물다. 김건희의 디올백 수수 사건을 보도했지만, 검찰이 윤석열·김건희를 수사해서 그에 따른 처벌을 내릴 거라고 어떻게 기대할 수 있겠나. 기자는 '그럼에도 불구하고 보도하는 사람'이다. 시청자에게 제대로 알릴 수 있다면 충분하다. 만약 시청자들이 보도를 보고 분노하거나 집단행동을 해서 정치권이나 정부기관이 움직여 어떤 변화가 만들어진다면 가장 좋은 일이겠지만 이 역시 내가 관여할 바는 아니다.

검언유착 의혹 보도도 마찬가지다. 보수언론이 원했던 대로 이철 대표를 압박해 유시민을 엮었다면 총선 전에 유시민을 포토라인에 세웠을 것이다. 그리고 누군가는 이를 이용해 선거판을 막장으로 끌고 갔을 것이다. 검언유착 보도를 통해 최소한 그런 사태가 벌어지는 걸 막았다고 볼 수 있으니 그걸로 족하다.

다만 이 보도는 뜻하지 않은 결과를 낳았다. 이른바 추·윤 갈등이 벌어지는 계기가 된 것이다. 윤석열 검찰총장은 자신을 징계하려는 추미애 장관은 물론이고 청와대까지 검찰 수사로 공격하면서 명실공히 보수진영의 대권 주자로 급부상했다. 검언유착 보도로 윤석열이 대권 주자가 되고 대통령까지 되었다고도 보는 것은 논리적인 비약일까? 그렇다면 나는 역사 앞에서 죄인인가? 검언유착 보도는 하지 말았어야 했나?

결과를 중심에 놓고 보도의 가치를 재단하기 시작하면 대부분의 보도는 불가능해진다. 일어난 사건이, 국민이 알아야 할 가치가 있다고 판단하면 보도할 뿐이다. 열심히 취재했고 보도했다. 기자는 그거면 된다. 보도했는데도 시청자들이 보지 않을 때, 관심이 없을 때 힘이 빠진다. 보도할 땐 오직 시청자만 본다. 지금까지 그랬고 앞으로도 그럴 것이다.

PART 4.

손준성과 고발사주

최초보도
2021년 9월 6일, 뉴스버스

1

이해할 수 없는 공격들

　검언유착 의혹은 2020년 3월 31일 MBC에서 보도됐다. 1년 6개월이 흐른 2021년 9월, 이 사건이 세간에서 잊힐 때쯤 뉴스버스가 고발사주 사건을 보도했다. 보도 매체가 다르고, 1년 6개월이라는 시차가 있어, 많은 사람들이 별개의 사건으로 인식하고 있지만 검언유착과 고발사주는 사실상 하나의 사건이다.

　검언유착 의혹 보도를 며칠 앞둔 2020년 3월 말로 시계를 돌려보자. 어느 날 제보자X는 전화를 걸어와 검언유착 사건 자료를 당시 열린민주당 비례대표 후보인 황희석 변호사에게 줘도 될지를 물었다. MBC 보도 직후 정치권에서도 같이 움직이면 파급력이 더 클 것이라는 주장이었다. 틀린 말은 아니었지만 기자로서 유쾌한 일은 아니었다. 보통 제보자가 이런 행동을 하는 이유는 기자를 100% 신뢰하지 못하거나, 언론사 보도만으로는 충분한 파장이 생기지 않을 거라 생각할 때다. 어쨌거나 관련 자료를 제보자가 주겠다는데 기자가 막긴 어렵다. 그저 보도 전에 정치권에서 먼저 움직이면 안 된다고만 신신당부했다. 그때만 해도 이 일이 얼마나 커질지 예상하지 못했다.

검언유착 의혹을 보도했던 3월 31일부터 4월 2일까지 세간의 엄청난 관심이 이 사건에 쏠렸다. 하지만 언론은 잠잠했다. 그런데 4월 3일이 되자 갑자기 분위기가 바뀌었다. 조선일보를 필두로 이 사건을 적극적으로 보도하기 시작했다. 물론 MBC와 제보자들을 공격하는 내용이었다.

공격 지점은 크게 세 가지였다. 첫째, 제보자X가 전과자라는 것-메시지가 아니라 메신저 흠집 내기. 둘째, MBC와 권력의 결탁-검언유착 의혹 보도가 실은 권언유착의 산물로 처음부터 기획되었다는 것. 셋째, 검언유착 관련 자료를 받아 본 열린민주당 인사들에 관한 비난이었다.

그중에서도 제보자X에 대한 공격이 가장 집요했고 잔인했다. 방송국이나 정당과는 달리 개인이 수많은 언론 보도에 일일이 대응하기 어려웠다. 그가 전과자라는 사실도 뉴스 소비자에게는 자극적인 소재였다. 조선일보는 그의 개인정보를 공개하기까지 했다. 이름, 전과 등의 개인정보는 수사기관에서 흘려주지 않은 이상 기자는 알 수 없다. 이것만 봐도 검언유착이 얼마나 심각한지 알 수 있다.

MBC도 보수언론의 공격을 피해 갈 수 없었다. 첫 시작은 이른바 '조국 흑서'라 불리는 『한번도 경험해보지 못한 나라』의 저자 중 한 명이자, 나중에 수임한 사건 재판에 나가지 않아 의뢰인이 패소하게 만들어 유명해진 권경애 변호사였다. 권 씨는 검언유착 보도 직전 한상혁 당시 방통위원장이 자신에게 전화를 걸어왔다고 폭로했다. 한상혁 위원장이 이 통화에서 오늘 MBC에서 중요한 보도가 나간다면서 윤석열과 한동훈에 대해 비난했다는 것이었다. MBC가 보도하기 전에 친민주당 인사인 한상혁 위원장이 그 내용을 먼저 알았으니 MBC가 민주당 성향 인사와 권언유착한 것이라는 주장이었다. 이 일방적인 주장을 다수의 언론들이 앞다퉈 보도했다. 하지만 이 주장은 기본적인 팩트조차 사실이 아니었다. 한 위원장이 권 씨에게 전화한 시점이 MBC 보도 이후였던 것이다. 언론들은 한 위원장에게 전화만 하면 얼마든지 확인할 수 있는 기본적인 사실도 취재하지 않고 무책임하게 보도했다. 사실이 아니라는 게 밝혀진 다음에도 정정보도는 하지 않았다.

설령 보도가 나가기 전에 한 위원장이 알았다 해도 그게 왜 권언유착의 증거가 되는지도 이해할 수 없다. 앞에서 얘기했듯이 보도 전 대검찰청, 남부지검, 한동훈 검사장, 이동재 기자, 채널A에 입장을 묻는 반론 취재를 진행했다. 이 때문에 MBC가 한동훈-이동재 간의 유착 의혹을 보도한다는 건 꽤 알려져 있는 상황이었다. 기자들도 이같은 상황을 알고 있었다. 하지만 그들에게 중요한 건 사실이 아니었다. 자신들에게 유리한 프레임을 만들 수 있으면 서슴지 않고 사실을 왜

곡했다.

2020년 12월 16일, SBS는 8시 뉴스에서 'MBC의 권언유착 의혹'을 제기했다. SBS는 "앞선 (2020년) 2월에 MBC 기자와 제보자X가 통화한 기록을 수사팀이 확보하고도 제대로 수사하지 않았다는 것입니다"라고 보도했다. 보도 근거는 이번에도 검사였다. 이정화 당시 대전지검 검사는 윤석열 당시 검찰총장의 징계위원회에 증인으로 출석해 검찰이 권언유착의 증거가 될 수 있는 MBC 관계자의 통화기록을 확보하고도 제대로 수사하지 않았다고 주장했다. 검언유착을 보도한 3월 말보다 훨씬 전인 2월에 MBC 관계자와 제보자X가 통화한 적이 있는데 이때 권언유착을 논의한 게 아니냐는 일방적인 의심을 얘기한 것에 불과했다. 그런데 SBS가 이를 그대로 받아쓴 것이었다. 그러면서 'MBC 관계자'를 'MBC 기자'라고 슬쩍 바꿔치기까지 한 것이다. 하지만 2월에 통화한 건 MBC 기자가 아니라 PD수첩의 PD였다. 당시 PD 수첩은 자본시장 관련 기획 프로그램을 준비 중이었고 관련 취재를 하기 위해 제보자X와 통화했다. 이런 기본적인 확인도 안 하고 검사 말을 그대로 받아쓴 것이다. 그런데 기자든 PD든 제보자와 통화한 게 어떻게 권언유착의 근거가 되는지 모르겠다. '언'은 MBC 취재진이다. 그렇다면 '권'은 누군가? 한동훈 검사장이랑 이동재 기자가 수시로 통화한 기록이 나와도 검언유착 의혹이 아니라고 외면했던 언론들이었다. 그런 그들이 MBC 취재진이 민주당 인사도 아닌 제보자와 통화했다고 권언유착이라고 보도한 것이다.

보도는 자유니까 그렇다 쳐도 기본 중의 기본인 반론 취재는 어디로 갔을까? MBC 기자가 권언유착을 했다고 보도하려면 당연히 나에게 먼저 사실 확인을 했어야 한다. 만일 기자를 특정할 수 없었다면 MBC 홍보실에 연락해 입장이라도 들었어야 했다. SBS는 그 과정을 완전히 생략했다.

MBC는 SBS가 정정보도를 하지 않으면 법적 조치를 하겠다고 발표했다. SBS는 정정보도가 아닌 후속보도를 했다. 이틀 뒤인 12월 18일 앵커 멘트를 통해 "SBS도 보도 이후 추가 취재를 통해 해당 검사가 제보자X와 통화한 사람을 기자로 특정하지 않고 MBC 관계자라는 취지로 진술한 사실을 확인했습니다"라고 보도했다. 통화한 사람이 기자가 아니라 PD라는 것만 언급했을 뿐 기사의 주요 내용인 권언유착 의혹에 대해서는 한마디도 없었다.

다수의 언론이 이런 식으로 MBC의 '검언유착 보도'를 권언유착 의혹이 있다고 근거 없이 공격했다. 그들에게 최소한의 근거나 사실관계는 중요하지 않았다. 줄기차게 권언유착 의혹을 제기했지만 번번이 오보로 드러났다. 그래도 권언유착 프레임에 대한 집착을 버리지 못했다. 진보든 보수든 기자들이 해석은 하고 싶은 대로 하더라도 근거가 되는 기본적인 팩트 확인은 하고 있다고 생각했었다. 기본적인 팩트 확인과 기사 작성에 대해 나름 혹독한 훈련을 받은 사람들이기 때문이다. 하지만 검언유착 보도 이후 내 생각이 완전히 틀렸다는 걸 알게 됐다.

당시엔 보수언론들이 권언유착 프레임에 집착하는 이유를 몰랐다. 조·중·동을 비롯한 보수언론의 반격은 예상했다. 그런데 공격이랍시고 하는 보도가 너무 이상했다. 권언유착 의혹을 제기하려면 그 의혹을 뒷받침하는 최소한의 정황이라도 있어야 하는데 아무것도 없었다. 하지만 집요했다. 근거 같지도 않은 걸 근거라며 끊임없이 권언유착을 외쳤다. 이상했다. 이게 뭐지? 왜 이렇게 집요하지? 팩트가 없는데 왜 무리하지? 의문은 1년 5개월 뒤 풀렸다.

2

밝혀진 그날의 진실

보수언론은 왜 그랬을까?

고발사주 보도는 사건 당사자인 조성은 전 미래통합당(국민의 힘 전신) 선대위 부위원장의 제보로 시작됐다. 제보를 받은 건 전혁수 당시 뉴스버스 기자. 전 기자는 제보 내용을 뉴스버스 이진동 대표에게 보고했고, 이 대표는 특종이 될 거라고 확신했다.

이후 뉴스버스는 고발장을 입수했고, 조성은 부위원장을 인터뷰하고, 조 부위원장이 김웅 의원과 주고받은 텔레그램 내용을 확보했다. 그리고 2021년 9월 2일, 이 사건을 보도했다. 고발사주가 실행된 날은 2020년 4월 3일이었다. 그로부터 1년 5개월이 지난 뒤였다.

검찰은 검언유착 보도로 불리해진 상황을 뒤엎고자 고발사주를 기획했다. 검찰이 작성한 고발장엔 당연히 내 이름이 피고발인으로 적시됐다. 이런 이유로 뉴스버스는 나를 취재했다. 그 덕분에 나도 이 사건에 대해서 구체적으로 알 수 있었다.

사실 전혁수 기자와는 사소한 마찰이 있었다. 전 기자는 검언유착 의혹 보도와 관련해 MBC 시선집중에 출연해, "법조 기자들 사이에선 다 아는 내용을 장인수 기자가 잘 모르고 보도한 것 같다. 취재를 하고 보도했으면 좋겠다"라는 취지로 얘기했다. 검언유착 보도에 부정적인 시선을 가지고 있었던 것 같다. 시선집중은 전혁수 기자와 함께 출연해 토론을 해보면 어떻겠냐고 제안을 해왔다. 흔쾌히 찬성했다. 하지만 전 기자가 MBC 보도를 비판할 의도는 아니었다고 물러서면서 토론은 이뤄지지 않았다. 후배 기자에게 "취재 좀 하고 보도하라"는 얘기를 들었으니 모욕적일 수 있는 얘기였다. 하지만 타사 기자들의 평가에 크게 신경 쓰지 않는 편이라 그냥 그런가 보다 하고 넘어갔다. 그런데 한참 뒤 검언유착 보도의 강력한 뒷받침이 된 고발 사주 보도를 전혁수 기자가 터뜨렸다. 세상일이란 게 재밌다. 나를 취재해야만 되는 전 기자는 전화를 걸어와 "선배 죄송합니다"라는 인사부터 했다. 다른 뉴스버스 기자가 이미 나를 취재 중이라 대략 내용을 알고 있었다. 괘씸하다는 생각보단 특종을 앞두고 열심히 취재하는 모습이 기특했다. 뉴스버스 기자들이 취재하는 내용을 통해 검언유착 보도 당시 벌어졌던 일들을 비로소 이해할 수 있었다. 뉴스버스는 검찰이 작성해 국민의힘에 전달한 고발장을 입수했는데 그 고발장의 요지는 다음과 같다.

1. MBC 검언유착 의혹 보도가 사실은 권언유착을 통해 기획된 것이다.

2. 권언유착의 당사자는 장인수 기자(검언유착 의혹 보도), 심인보 뉴스타파 기자(도이치모터스 주가조작 보도) 등 기자들, 최강욱, 황희석, 유시민 등 정치권 인사들, 제보자X 등이다.

3. 피해자는 윤석열 총장, 김건희 여사, 한동훈 검사장이다.

4. 전문 고발꾼(제보자X를 그렇게 지칭했다)과 MBC, 뉴스타파, 여권 인사들이 결탁 공모해 검찰, 윤석열 총장, 김건희 여사, 한동훈 검사장 등을 망신 주고 문재인 대통령과 당시 여당(민주당)에게 유리한 상황을 만들려는 의도로 허위 내용을 보도했다.

검언유착 보도 당시 많은 언론들이 그렇게 집착했던 권언유착의 프레임이 이 고발장에 고스란히 들어 있었다. 하지만 이 고발장에는 적시된 피고발인들이 어떻게 친분을 쌓았는지, 어떤 과정을 거쳐 유착했는지에 관해서 어떠한 언급도 없었다. 친여 매체, 검찰을 싫어하는 정치인들, 더불어민주당 지지하고 윤석열 총장 싫어하는 사람들이 모여서 공모했다는 게 내용의 전부였다. 이 빈약한 고발장의 내용을 보수언론들이 그대로 받아썼으니, 그들의 논리도 그토록 빈약할 수밖에 없었다. 검찰 고발사주로 다시 한번 드러난 뿌리 깊은 검언유착의 고리에 혀를 내둘렀다. 검찰이 보도지침을 만들어 전달하면 언론인으로서 윤리고, 팩트고 아무것도 필요없었다. 목표를 향해 일사불란하게 움직이는 개미 떼와 같았다. 검언유착 의혹을 보도했지만 정작 검언유착이 얼마나 뿌리 깊고 단단한지 전혀 모르고 있었다는 걸 알게 됐다.

좀 황당했던 건, 도이치모터스 주가조작을 보도했던 심인보 기자가 고발장에 들어가 있었다는 사실이다. 당시엔 '검찰이 김건희 여사도 신경 쓰고 챙겨주려고 했나 보다'라고만 생각했다. 지금 생각은 달라졌다. 채널A 검언유착은 사건은 물론이고 고발사주 역시 김건희가 기획하고 지시한 사건이라고 강하게 의심하고 있다.

고발사주 전개 과정

고발장 내용은 별게 없었지만, 고발장이 만들어지고 전달되는 과정 자체는 충격적이었다.

고발사주 사건의 얼개는 이렇다. 손준성 당시 대검 수사정보정책관(이하 정책관)은 2020년 4월 3일 김웅 당시 미래통합당 국회의원 후보에게 고발장을 전달했다. 김 후보는 미래통합당이 대신 고발해달라며 조성은 미래통합당 선대위 부위원장에게 고발장을 다시 전달했다. 나중에 고발장은 물론, 텔레그램을 통한 전달 과정과 대신 고발해달라는 김웅 의원의 녹취록까지 폭로됐다.

껄끄러운 정치인과 기자들을 찍어내기 위한 고발장을 검찰이 직접 작성해 당시 제1야당에게 전달한 것이다. 많은 언론들은 고발장 내용을 어떻게 알았는지 고발장에 적힌 권언유착 프레임을 그대로 보도했다. 보수정당-검찰-보수언론이 한 팀이라고는 알고 있었다. 하지만 공격 대상과 방법을 서류로 작성해 공유하리라고는 상상하지 못했다. 대검찰청 대변인이 검찰총장의 입이라면, 수사정보정책관은 정보를 수집해 보고하는 총장의 눈과 귀라고 할 수 있다. 그런 부서에서 일을 꾸몄다는 게 경악스러웠다.

손준성 정책관은 고발장을 전달하면서 증거랍시고 제보자X의 실명 판결문을 첨부했다. 제보자X에게는 여러 전과가 있었다. 이번 사건과 전혀 상관없는 그의 전과가 언론에 폭로되도록 한 것이다. 실명 판결문을 출력할 수 있는 사람은 판사, 검사, 사건 당사자뿐이다.

무서운 일이었다. 이동재 기자는 신라젠 취재를 접을 때까지 제보자X의 신원을 파악하지 못해 실명을 얘기해달라고 사정했다. MBC 보도가 나가고 3일 뒤 대검은 제보자X의 신원을 파악해 실명 판결문까지 출력해 보냈다. 명백한 범죄였다.

이 과정에 가담했던 사람들의 면면도 충격적이었다. 이 모든 일을 손준성 혼자 꾸몄을 리 없었다. 손준성, 권순정 대검 대변인 그리고 한동훈은 3월 31일(검언유착 의혹 보도가 있었던 날) 카카오톡 단체방을 만들어 4월 3일까지 총 297회에 달하는 메시지를 주고받았다. 한동훈과 손준성은 1대 1로도 수십 차례 카카오톡을 주고받았다. 고발사주가 실행되자 이들은 카톡방을 폭파했다.

검언유착 보도 당시 대검의 입장을 들으려 권순정 대변인과 여러 차례 통화한 적이 있다. 권 대변인은 차분하고 신사적으로 응답했다. 그는 기자들 사이에서도 평판이 좋았다. 그런데 정작 뒤에서는 기자를 엮어 감방에 보내겠다고 카카오톡 방을 만들어 긴밀한 협의를 하고 있었던 것으로 보인다. 이들이 그 대화방에서 구체적으로 어떤 얘기를 나누었는지는 밝혀지지는 않았다. 하지만 그 시기 이들이 검언유착 보도와 고발사주 말고 뭘 논의했겠는가. 3월 31일에 단체 대화방을 만들어서 집중적으로 뭔가 대화를 나누다 4월 3일에 그 방을 폭파할 이유가 없지 않나.

고발사주야 말로 진정한 검언유착이다

채널A 검언유착 사건에서 이동재 기자와 한동훈 검사장의 공조는, 드러난 것만 보면 개인 사이에서 벌어진 일이다. 채널A라는 언론사와 검찰 조직이 어떻게 유착했는지는 드러나지 않았다. 고발사주 사건은 성격이 완전히 다르다. 처음부터 검찰이 조직적으로 고발장을 작성해 미래통합당에 넘겼다. 보수언론은 그 내용을 약속한 것처럼 일제히 보도했다. 검찰과 보수언론 사이에 조직적인 검언유착이 이뤄진 것이다. 고발사주 사건을 통해 검찰과 언론이 어떻게 공생하는지 극명하게 드러났다. 가장 강력한 두 권력 집단은 자신들의 이익을 위해 최소한의 윤리는 고사하고 법도 가볍게 깔아뭉갰다.

총선 때문에 정신이 없었던 미래통합당은 실제 고발을 하진 않았다. 대신 보수단체가 나중에 고발을 진행했다. 검찰은 자신들의 계획대로 수사에 착수했다. 검찰은 내가 실제 권언유착을 했을 거라고 믿는 듯했다. 권언유착까지는 아니더라도 더불어민주당 정치인들과 통화한 내역이라도 나올 것이라고 굳게 믿었던 모양이다. 그러면 그걸 트집 잡아 권언유착으로 몰고 가면 된다고 생각했을 것이다. 사실 많은 사람으로부터 민주당이나 관련 인사들과 친할 것이라는 오해를 종종 받는다. 하지만 검찰의 오판이었다.

2020년 7월 검찰에 나가 이틀 동안 조사를 받았다. 검찰의 관심사는 내 휴대전화 통화내역이었다. 당시 검찰은 내 휴대전화에 대한 압수수색 영장을 신청했지만 법원이 기각했다. 그들이 내 휴대전화 통화내역을 확인할 길은 내 협조밖에는 없었다. 까짓것 시원하게 협조했다. 검찰이 원하는 대로 2020년 2월부터 3월까지 2달 동안 휴대전화 통화내역 전체를 통신사에 발급받아 제출했다. 민주당 정치인들은 물론이고 그들과 친한, 이른바 민주진영 스피커들과의 통화 내역조차 없었다.

고발장에 적시된 대로 나와 최강욱, 혹은 황희석이나 유시민의 통화내역이 나오면 검찰 입장에선 금상첨화였을 것이다. 하지만 그건 그들의 공상에 불과했다. 황희석 변호사는 검언유착 보도 한 달 뒤, 최강욱 전 의원은 보도 서너 달 후에 각각 처음 만났다. 유시민 작가는 보도 4년 만인 2024년 4월 1일 처음 만났다. 고발사주 진범을 찾아달라는 기자회견을 하는 자리였다. 하지만 한동훈과 보수언론은 여전히 검언유착 보도를 권언유착의 결과라고 주장하고 있다.

3

국민의힘과 언론의 행태

다시금 주목받게 된 검언유착 의혹 보도

고발사주 사건 관련자들은 자신들의 행위가 범죄라는 사실을 분명히 인지하고 있었다. 김웅은 자신들이 드러나면 안 된다며 은밀하게 고발장을 전달했다. 조성은 부위원장에게 "확인하시면 방 폭파"라고 지령을 내리기도 했다.

조성은 부위원장이 방을 폭파했다면 진실은 세상에 나오지 못했을 것이다. 뒤늦게나마 진실을 밝혀준 조 부위원장에게 감사드린다. 그 덕분에 잊혀 가던 검언유착 의혹 보도가 다시금 주목받았다. 또 고발사주 사건은 검언유착 보도가 맞았다는 강력한 증거가 되기도 했다. 뉴스버스 이진동 대표는 처음 검언유착 보도를 봤을 때, 친여 매체인 MBC가 무리해서 보도한다고 생각해 큰 관심이 없었다고 한다.

하지만 고발사주 사건을 취재하면서 MBC 보도가 맞았다는 사실을 깨달았다고 했다.

검찰이 나를 엮어서 형사 처벌하려고 한 사실이 드러나자 몇몇 사람들이 무섭지 않냐고 물었다. 화는 났지만 두렵지는 않았다. 잘못한 게 없는데 무서울 게 뭐가 있겠는가. 죄짓고 살지 말자는 교훈을 다시 얻었다. 설사 검찰이 없는 죄를 뒤집어씌워 감옥에 보낸다 해도 크게 두려울 것 같지 않다. 가족들에게는 큰 상처겠지만 나에게는 검찰이 두려워하는 기자라는 명예가 생길 테니까. 잃는 게 있으면 얻는 게 있는 법이다.

조성은의 휴대전화와 언론의 행태

고발사주 사건이 보도된 이후에는 조성은 부위원장의 휴대전화가 새로운 열쇠로 떠올랐다. 당시 조 부위원장과 김웅이 나눈 텔레그램 대화 내용은 대부분 공개되었다. 하지만 둘 사이에 통화녹음이 공개되지는 않았다. 통화녹음 파일이 모두 지워졌기 때문이다. 하지만 조 부위원장은 포렌식을 통해 김웅 의원과의 통화녹음 파일을 복구했다. 할렐루야!

이 과정에서도 한국 언론은 다시 한번 몸개그를 시전했다. 언론들은 복구된 통화녹음 파일의 내용이 무엇인지 취재하기 시작했다. 김웅과 조성은의 통화 내용 중에 대선주자로 떠오르고 있던 '윤석열'

이 언급되는지가 주요 관심사가 됐다. 내용에 따라 윤석열이 고발사주를 지시했다는 증거가 될 수 있었기 때문이다.

2021년 10월 6일, MBC는 김웅과 조성은의 통화 내용에 윤석열이 언급된다는 내용을 단독 보도했다. 국민의힘은 '오보다. 윤석열 이름 없다'라며 난리 쳤다. 보수언론들도 윤석열이 언급되지 않았다는 보도를 쏟아냈다. MBC는 궁지에 몰렸고 이후 공개될 녹음파일에 '윤석열'이 없으면 회사가 망할지도 모른다는 공포감에 휩싸였다. 10월 19일 MBC PD수첩은 통화녹음 파일을 공개했다.

김웅 제가 가면 윤석열이 시켜서 나오게 되는 거예요.

보수언론 기자들은 실제로 '윤석열'이 언급되지 않았다고 생각했을까? 그렇지 않았을 것이다. 아닌 줄 알면서도 윤석열과 검찰이 원하니 그렇게 썼을 것이다. 같은 맥락으로 MBC 보도를 권언유착이라고 공격하는 기사를 썼던 기자들은 정말 그렇게 믿었을까? 대한민국 기자들이 그렇게 멍청할 리 없다.

오보를 낸 언론들은 어떠한 사과도 없었다. 마음에 안 드는 MBC 보도가 나오면 무지막지한 공격을 퍼부어 대지만, MBC 보도가 맞는 걸로 드러나면 마치 없었던 일처럼 행동한다. 언론의 이런 행태는 여전하다.

4

'법꾸라지들'의 기술

고발사주 사건에 대한 수사가 시작되자 관련자들은 법률 전문가 다운 면모를 유감없이 보여줬다. 법망을 빠져나가는 법꾸라지들의 화려한 기술을 소개한다.

〈김웅〉
발언 1.
"그건 제가 보기에는 그쪽(검찰)의 입장을 전달해준 것 같다."

당시 김웅이 손준성에게 고발장을 받아서 전달한 것은 이미 사실로 밝혀졌다. 본인이 받아서 본인이 전달했음에도 이렇게 말했다. 잘 모르는 것처럼, 추측으로. 유체이탈 화법을 시전했다. 자기 얘기인

240

데도 '것 같다'라며 단정적인 표현을 쓰지 않은 것엔 밑줄 쫙.

발언 2.

"공익신고를 받는 대상이 아마 국회의원도 포함이 되는 걸로 알고 있거든요. 만약에 그 부분에 있었을 때 문제가 된다고 하면 공익신고법상 국회의원에게 신고하는 것은 법적으로 문제없는 걸로 알고 있고, 제가 그걸 받았는지 안 받았는지는 어떤 경로로 받았는지는 모르겠어요."

검찰의 고발사주를 공익신고로 둔갑시킨다. 놀라운 프레임 전환이다. 후환을 없애기 위해 관련자들에게 방을 폭파하라고 지시해 놓고도 '받았는지', '안 받았는지' '어떤 경로로 받았는지' 기억나지 않는다고 말했다. 외우자. "잘 기억나지 않습니다."

발언 3

(기자가 손 검사가 공익신고를 했다는 의미냐고 묻자)

"그거, 그거는 모르죠."

내가 그랬다면 공익신고일 것 같은데 내가 그랬는지는 모르겠다는 얘기. 뭐든 특정하거나 단정하면 안 된다.

발언 4.

"그거는 제가 만약에 그걸 받아 갖고 이런 게 있구나 싶으면 저한 테 들어오는 제보나 이런 게 있으면, 당에는 전달은 많이 했겠죠."

여러 건의 제보 가운데 하나라 잘 모르겠다. 기억 안 난다는 얘 기를 유체이탈 화법으로 말하는 연습을 해보자.

발언 5.

(기자가 방 폭파를 지시하지 않았냐고 묻자)

"방 폭파하라고요? 방 폭파… 아니 일단은 제가 있으면은 무슨 그 런 방 같은 경우는 일단 받으면은 제보받으면 일단은 방을 없애지 않습니까?"

다들 그러지 않나요? 그게 문젠가요? 때론 뻔뻔할 필요가 있다. 직전까지 검사였다가 국회의원이 된 김웅의 화법은 실로 교묘하다. 법을 잘 아는 검사가 법망을 빠져나가려면 어떻게 해야 하는지 잘 보 여준다. 자신의 행위마저 제3자적 관점으로 보고 모든 질문에 가정법 으로 접근하면서 인정을 하는 것도 아니고 안 하는 것도 아닌 희한한 답변으로 일관한다. 이미 증거가 다 공개된 마당에 인정하지 않으면 거짓말하는 게 되어버리고, 인정하면 자기 죄를 시인하는 것이다. 이 진퇴양난의 위기를 돌파하는 방법은 무엇인지, 어떻게 하면 법에 걸리지 않는지, 정확하게 알고 있다. 실제로 김웅은 불기소됐다. 다만 우리가 김웅처럼 한다고 검찰이 불기소할지 판사가 무죄를 줄지는 각자 판단해야 한다. 잘못하면 괘씸죄에 걸려 오히려 매를 벌 수도 있다.

손준성
손준성의 변호사가 법정에서 지속적으로 한 얘기다.

"손준성이 고발장을 보냈다는 증거 있나?"

이때만 해도 조성은 부위원장 휴대전화의 텔레그램 대화방이 증거로 채택될지는 결정되지 않았다. 증거가 될지 안 될지 알 수 없으니, 일단 인정하지 않고 보는 것이다. 나중에 텔레그램 단톡방이 증거로 채택되고, 게다가 고발장에 '손준성 보냄'이라고까지 명시되었다는 사실이 밝혀지자 그는 이렇게 주장했다.

"손준성이 의도적으로 김웅에게 보낸 건지 어떻게 알아? 실수로 잘못 보낸 걸 수도 있잖아."

손준성 역시 김웅과 크게 다르지 않았다. 그가 텔레그램으로 김웅에게 고발장을 보냈다는 건 객관적인 사실이다. 처음엔 텔레그램을 통해 전달됐다는 사실을 인정하지 않으면서 공수처에 명확한 증거를 요구했다. 그러다 설사 전달됐다 하더라도 그게 고의로 보낸 건지 실수로 잘못 보낸 건지 그 의도를 다시 공수처가 입증하라고 했다. "그럼 실수로 잘못 보냈단 얘기냐?"라고 물으면 긍정도 부정도 하지 않는다. 결론적으로 '나는 다 모르겠고, 입증은 너희들이 해'라는 전략이다. 법정에 증인으로 나가서 직접 본 손준성과 그의 변호사의 모습이었다. 한편으로 기가 찼고, 한편으로 감탄했다. '기술자'들은 이렇게 하는구나 싶었다. 법이 공정하게 집행된다고 믿는 순진한 사람들이 이 사실을 알았으면 좋겠다.

수사정보정책관실 - 임홍석 검사

공수처의 기소 내용에 따르면, 고발사주 사건은 손준성 개인이 아니라 대검 수사정보정책관실이 조직적으로 움직인 것으로 보인다. 제보자X의 실명 판결문을 찾아 출력하고 그의 페이스북을 수집하는 일을 지검 차장검사급인 손준성이 직접 하지는 않았을 것이다. 지시를 받은 정책관실의 누군가가 했을 것이다. 실제 고발사주 보도 이후 정책관실은 조직적이고 기민하게 움직였다. 뉴스버스 보도 당일 정책관실은 구매한 지 채 한 달도 되지 않았던 25대의 컴퓨터를 포맷했다. 수사정책관실 임홍석 검사는 자신의 PC 하드디스크를 교체했다.

임홍석 검사는 손준성과 함께 고발사주 사건의 핵심 인물로 꼽힌다. 공수처에서 그의 휴대전화를 압수해서 열어보니 안티 포렌식 프로그램이 세 개나 깔려 있었다. 늘 다른 사람을 압수수색하고 휴대폰 열어보는 게 일인 검사라 미리미리 대비했던 걸까? 그럼에도 공수처는 임홍석의 휴대전화 포렌식에 성공했다. 당시 임홍석은 무슨 이유에선지 자신이 컴퓨터 포맷하는 장면을 휴대전화를 사용해 영상을 찍어두었다. 이 같은 내용은 뉴스버스 보도를 통해 밝혀졌다. 임홍석은 뉴스버스에 다음과 같은 반론을 해왔다.

"25대를 포맷한 사실이 없고, 포맷 동영상이라는 것도 소명자료로 활용하기 위해 찍어둔 것일 뿐이다. 개인 업무용 PC 1대만 포맷했는데, 불가피한 상황을 소명하기 위해 영상으로 찍어 소명자료로 남겨 둔 것이었고, 공수처에도 소명했다. 촬영한 동영상을 휴대폰에서 지운 적이 없으니, '포렌식에서 (삭제된 걸) 복구했다거나, 복구되니 깜짝 놀라더라'는 수사관의 증언도 말이 안 된다. 일부러 남겨둔 것(영상)이 포렌식 된 것이다. 공수처에 충분히 소명을 했으나, 공수처가 불리하니 법정에서 설명을 안 했을 수 있다. 공수처에 사실관계를 확인해달라."

뉴스버스 기사
〈고발사주 증거인멸 딱걸린 검사동영상 증거 채택됐다〉

컴퓨터 한 대를 포맷한 건 영상에 찍혔으니 어쩔 수 없이 인정하지만, 나머지 24대에 대해선 모르쇠로 일관한 것이다. 김웅·손준성·

임홍석의 수법이 동일하다.

이 정도면 이들이 검사인지 범죄조직원인지 헷갈린다. 여하튼 김웅, 손준성, 임홍석을 통해 수사와 재판에 어떻게 대비하면 되는지 배울 점이 있긴 하다. '모르쇠로 일관하고 입증 책임을 수사기관에 떠넘겨라.' 검사들이 이럴 수 있는 건 언론 탓이 크다. 제보자X가 휴대전화를 바꿨다는 사실만 가지고도 호들갑을 떨며 기사를 썼던 보수언론은, 임홍석이 안티 포렌식 프로그램을 3개나 설치하고 25대의 PC를 포맷한 사실에 관해선 침묵했다. 유시민, 조국, 이재명의 휴대전화에 안티 포렌식 프로그램이 깔려 있었다면 언론은 어떻게 반응했을까? 검언유착은 의혹이 아니다. 우리가 매일 숨 쉬는 공기처럼 당연한 것이 됐다. 그래서 제대로 인식도 못 하는 지경에 이르렀다.

결국 손준성 위에 누가 있는지도 제대로 밝혀내지 못한 채 겨우 손준성만 기소해 1심에서 징역 1년 형이 나왔다. 하지만 2심 재판부는 1심 판결을 뒤집고 그에게 무죄를 줬다. 손준성이 김웅에게 고발장을 전달한 게 맞는지 텔레그램 기록만 가지고는 알 수 없다는 취지였다. 손준성의 법꾸라지 기술이 통한 것이다. 그는 윤석열 정권이 들어서면서 검사장으로 승진까지 했다. 사건을 조작하면 승진한다는 건 이제 검찰의 원칙이 된 듯하다. 고발사주 사건 역시 서로 잘 알지도 못한 언론인과 정치인 들이 유착했다고 조작하려던 사건이었다.

5

고발사주 사건이 남긴 것

고발사주 사건의 의미

검찰은 수사기관이 아니라 공작기관이라는 사실이 드러났다. 검찰은 조직적으로 움직였다. 공당과 언론을 파트너로 활용했다. 군사독재 정권이 조직 사건을 조작했듯 거물급 정치인들과 기자들을 엮어 범죄자로 몰았다. 법치의 근간을 뒤흔드는 일이다.

민주 정권들은 검찰개혁을 시도했지만 성공하지 못했다. 그 결과 검찰은 더 크고 강한 권력을 갖게 됐다. 고발사주 사건은 검찰이 범죄조직과 다를 바 없는 수준으로 추락했다는 걸 보여줬다. 고위 검사들이 연관되다 보니 정치권과 기자들 사이에선 뜨거운 이슈였지만 일반 국민들은 생각만큼 이 사건에 많은 관심으로 보이지 않았다. 이 사건은 아직 끝나지 않았다. 손준성이 2심에서 무죄를 받아 사실상 처벌이 힘들어졌지만 공수처는 2024년 초 윤석열과 한동훈을 재입건했다. 향후 수사에서 의미 있는 사실이 밝혀지길 기대해 본다.

고발사주 당사자들이 4년이 지나 처음으로 모인 이유

2024년 4월 1일, 고발사주 사건 피해자인 황희석, 최강욱, 유시민, 심인보 그리고 내가 처음으로 한자리에 모였다. 그리고 고발사주 사건 관련자들(윤석열, 김건희, 한동훈, 손준성, 임홍석, 김웅 등)에 관한 고발장을 제출했다.

고발사주가 실행된 날이 2020년 4월 3일이었으니 무려 4년이 지난 시점이었다. 뒤늦은 감이 있지만 진실을 밝히는 게 필요하다고 판단했다. 이 사건을 손준성 혼자 벌였다고 믿기 어렵다. 고발장에는 윤석열, 김건희, 한동훈이 피해자로 적시되어 있다. 손준성이 자기 상관들에 대한 일을 상관 허락이나 지시 없이 혼자 벌였을 리 만무하다. 또 한동훈, 손준성, 권순정 3인이 모였던 카톡방의 실체도 밝혀야 한다. 하지만 이런 의혹들에 관한 수사는 지금까지도 이뤄지지 않고 있다.

검찰은 검언유착이나 고발사주 사건에 대한 수사 자료를 많이 확보하고 있을 것이다. 하지만 재판을 통해 일부만 공개됐다. 검찰이 확보한 자료만 잘 들여다봐도 사건의 진실을 상당 부분 파악할 수 있을 것이다. 우리가 관련자들에 관한 고발장을 접수한 데는 여러 이유가 있다. 그중에는 검찰의 자료를 확보하고자 하는 의도도 있다. 그러려면 일단 이 사건이 재판에 넘어가야 하는데, 사건도 많고 인력도 부족한 공수처가 이들을 수사해 기소까지 하는 건 쉽지 않을 것이다.

정치권의 움직임

범야권이 22대 총선에서 192석을 확보한 건 그나마 다행이다. 야당은 김건희 종합 특검법, 한동훈 종합 특검법, 채수근 상병 특검법을 추진 중이다. 김건희 디올백 수수, 검언유착 의혹을 보도한 기자로서 보도 내용이 특검법안 내용에 포함됐다는 건 영광이다. 윤석열이 계속 거부권을 행사해 쉽지 않겠지만 포기할 일도 아니다.

검사와 관련된 의혹, 검사 가족과 관련된 의혹은 밝히기 어렵다. 역대 대통령과 그 측근들 비리 수사는 검사에 비하면 오히려 쉬웠다. 정권이 바뀌면 나는 새도 떨어뜨린다는 권세가들도 하루아침에 검찰에 불려 가 조사받는 광경이 여러 차례 펼쳐졌다. 하지만 고위 검사와 가족들을 수사하는 건 불가능에 가깝다. 명품백 받고, 주가조작하고, 고발사주하고 기자에게 수사정보를 흘려도 그들은 수사조차 받지 않는다. 특수부 검사들은 대한민국 특권층으로 자리 잡았다.

법 앞에 평등하다는 원칙이 무너지면 법치가 무너진다. 법치가 무너진 나라는 망한다. 검찰개혁을 반드시 해야 하는 이유다. 법을 무시하는 검찰의 행태가 도를 넘었다. 작용이 있으면 반작용이 있게 마련이다. 검찰은 개혁될 것이다.

PART 5.

TV조선 방정오 대표와 그 딸의 '계급질'

최초보도
2018년 11월 16일, MBC

1

부장에게 '깨지고', 특종을 제보받은 사연

부장에게 '깨지다'

2018년 11월 주말 아침, 회사에 출근 중이었다. 8시 45분쯤 후배 기자에게 전화가 왔다. 목소리가 은밀했다.

"선배 어디예요?"

"출근 중인데 왜?"

"부장님이 찾는데요"

"왜? 어디 무너졌어?"

"그건 아닌데 부장이 선배 왜 안 오냐고…."

주말 출근은 오전 9시까지다. 대개 말진 기자는 8시 반쯤 나오고

1진은 그보다 천천히 나온다. 보아하니 성질 급한 부장이 또 별거 아닌 일로 안달복달하는 모양이었다. 9시 20분쯤 사무실에 들어갔더니 불호령이 떨어졌다.

"야! 너 몇 신데 지금 출근하는 거야? 빨리빨리 안 다녀?"

평온했어야 할 주말 아침부터 일진이 사납다. 별일 없다는데 왜 저러는 거야.

"너 어젯밤에 몇 시 몇 분에 들어온 제보 확인해 봐."

아 제보였어? 아니 그거 오전 중에 확인해 보면 될 거 가지고…. 대단한 부장이었다. 평기자들이 오전에 할 일을 출근 시간 전에 끝내 놓은 거였다. 성질은 지랄 맞아도 존경할 만했다.

제보엔 녹음파일이 첨부돼 있었다. 도끼로 뒤통수를 맞는 느낌이 뭔질 이때 비로소 알게 됐다. 부장한테 갔다.

"들어보니까 어때?"

"오늘 안으로 제보자 만나서 취재하고 나머지 자료 확보하겠습니다."

"근데 이거 보도할 수 있을지 모르겠다. 일단 사실이 맞는지 확인해 봐. 소문 안 나게 조용히 움직여."

제보 영상이나 녹음파일은 자극적일수록 좋다. 그런데 이건 자극적이다 못해 잔인해서 방송이 어려워 보였다. 지금 어디냐며 전화했던 후배가 조용히 다가왔다. 이미 해당 제보를 본 모양이다.

"선배 초등학생 아니죠? 초등학생일 수가 없는데…."

제보자는 초등학교 3학년생 목소리라고 했다. 아무래도 믿기 어려웠다. 보안을 위해 제보창에서 해당 제보는 지웠다. 그리고 제보자에게 전화를 걸었다.

2

사건을 취재하다

취재 1 – 운전기사

　제보자는 TV조선 대표 방정오의 운전기사였다. 정확히는 2호차 기사로 방정오 와이프의 운전기사였다. 차 안에서 벌어졌던 방정오 대표 딸의 폭언과 갑질 등을 녹음해 제보한 것이었다. 기사는 며칠 전에 해고된 상태였다. 그는 자신이 제보한 것도 뉴스거리가 되냐고 물었다. 좋은 신호였다. 갖고 있는 정보가 특종이 될 거라는 걸 알고 언론사 여기저기 흘리며 저울질하는 제보자가 왕왕 있는데, 기자 입장에서는 이럴 때 힘들다. 제보자는 MBC 기자가 관심을 갖고 취재하는 걸 신기해했다. 협조적이었고 제보에 첨부하지 않았던 나머지 녹음파일과 자료도 넘겨줬다. 몇 번을 들어도 초등 3학년생의 폭언이라고는 믿기 힘들었다.

〈녹취 1〉

아저씨 아저씨 아저씨 이 아저씨가 보니까 괴물인가. 바본가. 아저씨 나는 이제 아저씨랑 생활 안 할래. (탁) (아유 막 때리기까지 해 이제) 내려줘. 내려줘. 당장 내려줘. 아저씨 짤리든 말든 내가 안 말했으면 아저씨는 해고야. 진짜 미쳤나봐. (쾅)

〈녹취 2〉

아저씨 내가 아저씨 앞에서 이렇게 화내는 게 아저씬 좋아요? 아니 대답 좀 진짜 해보세요 이건 화내는 게 아니니까. 내가 아저씨 앞에서 화내는 게 좋아요? 아니면 착하게 구는 게 더 좋아요? 아니 얘기 좀 해봐요. 아저씨 나 지금 좋게 얘기하고 있잖아. 나 지금 소리 안 지르고 있잖아 아저씨한테 화 내는 거 아니잖아 지금 얘기를 하는 거잖아 물어보는 거잖아요. 나 화나게 만들지 말라고 했잖아요 내가.

〈녹취 3〉

아저씨는 장애인이야. 팔 다리 얼굴 귀 입 특히 입하고 귀가 없는 장애인이라고. 미친 사람이야. 돌머리. 돌이 머리에 꽉 차 있어서 아무 생각 없는 거야. 돌머리. 딱딱한 돌머리. 아저씨는 돌머리야 돌머리. 돌머리인데다가 장애인인데다가 미쳤다가 바보 같다. 대답도 안 하고 그러니까 합쳐서 아주 머리가 정신이 나가 미친 아저씨야. 나밖에 아저씨한테 이렇게 얘기해주는 사람 없어.

〈녹취 4〉

○○○(필리핀 가정부)처럼 ○○랑 아저씨는 바보야. 어? ○○랑
아저씨는 바보야. 한국말로 했다 영어로 했다 영어도 잘 못하는
그런 바보. 아저씨 이러잖아. 디스 이즈 어 ○○이 이러잖아. 마인
이러잖아. 마인. 디스 이즈 아이 민즈. 딱딱 정확하게 해야지. 아저
씨는 할 줄 아는 게 별로 없어. 어. 우리 엄마 아저씨들은 다 늙어
빠져 갖고 대답도 못 하고. 바본가 봐. 아저씨 내가 오늘 아침처럼
바보야 라고 부르면 좋겠어요. 어? 아니면 늙어빠진 놈이라고 그
럴까? 아니면 장애인이라고 부를까?

〈녹취 5〉

아저씨 왜 대답을 안 해. 진짜 엄마한테 얘기해야 되겠다. 아저씨
진짜 해고될래요?

〈녹취 6〉

아저씨처럼 화나게 하는 사람 없어. 매일같이. 톡톡하지 말라고
내가 몇 번 얘기했어. 어 진짜 바보야? 머리가 어떻게 됐어? 정신
병자야 정신병자야? 아저씨 그리고 정신병원에 좀 가봐. 아저씨는
진짜 정신병원에 좀 가봐야 될 거 같애. 아니 장난으로 얘기하는

게 아니라 지금 아저씨 진짜 정신병원에 좀 가 봐 어. 그리고 검사 받어.

〈녹취 7〉

아저씨 진짜 해고 당하게. 나 아저씨 보기 싫어. 진짜로. 아저씨 죽으면 좋겠어. 그게 내 소원이야. 아저씨 죽어라. 아저씬 진짜 죽으면 좋겠다. 아저씨 죽어라. 그게 내 소원이야.

〈녹취 8〉

아니 왜 이렇게 냄새가 나? (무슨 냄새가 나?) 입냄새… 아니 이빨이 왜 이렇게 삐뚤빼뚤 해. (앉아 있어 다쳐 벨트 메고) 이빨이 왜 이렇게 삐뚤빼뚤해. 아이 이상해. 아이. 이 좀 해봐 이 좀. 이 좀 해봐. 왜 이 못해. 이 좀 해봐. 아 이빨이 썩어서 그러네. 이빨이 삐뚤빼뚤해서 이빨이 썩어서 입 냄새가 나네. 아어 엄마 아빠가 이빨 교정 좀 해주지 어? 교정 좀 해주지 왜 교정을 안 해 줬을까? 어 아저씨 엄마 아빠가. 네 엄마 아빠가 왜 교정도 안 해 줬을까? 어? 잘 못된 어머니 아버지네. 어? 교육도 잘 못 시키고. 이상하시네. 좀 다 이상하시네. 아마 병원 갈 돈도 없었겠지 뭐. 병원 갈 돈이 없으니까 교정도 못 하겠지. 병원이랑 치과가 얼마나 비싼데. 병원비랑 치과비도 못 냈을 걸. 돈이 모자라니까.

〈녹취 9〉

돈 벌거면 똑바로 벌어. 아저씨처럼 바보같이 사는 사람 없거든. 요 뇌 속에는 뭐가 들어 있을까? (저것 봐) 응 이 뇌 속엔 뭐가 들어 있을까? '갈까 말까' (빨리 뒤에 앉아 있어) 싫어. '아이 난 자야 되겠 다. 아 일하지 말까. 아 이렇게 해서 돈만 모으겠지. 사모님은 모르 겠지. 난 참 똑똑해' 이러고 있겠지. 응? 아저씨 뇌 생각에는 그것 밖에 없을 거야.

들으면서 오장육부가 사방에서 조이고 뒤틀리는 것 같은 고통이 느껴졌다. 많은 녹취록을 들어봤지만 처음 겪는 일이었다. 방정오 대 표의 와이프 이 모 씨는 자기 아이가 기사에게 이런 폭언을 했다는 사 실을 알게 되자 기사를 해고했다. 해고 전 기사를 불러 녹음파일을 지 우라고 요구했다. 기사는 휴대전화를 빼앗길까 두려워 이 씨에게 혼 나는 중에 녹음파일 하나를 자기 와이프에게 보냈다. 갑자기 이 녹음 파일을 듣게 된 제보자 와이프의 심정이 어떨지 차마 가늠이 되질 않 는다. 아이의 행동도 행동이지만 부모의 대처에 문제가 있다고 판단 하고 본격적으로 취재에 착수했다.

제보자와 총 3차례 인터뷰했다. 그는 인터뷰할 때마다 울었다. 교통사고가 날지도 몰라 아이와 있었던 일을 녹음하기 시작했다고 했다. 실제로 아이는 운전하는 제보자의 귀에다 소리를 지르거나 몸 에 손을 대기도 했다. 그러다 사고 나면 사고 책임은 자기 혼자 뒤집어쓰게 될지 모른다는 생각을 한 것이다. 녹음파일이 확보됐으니 특별히 어려울 건 없었지만 제보자가 문제였다. 처음 겪는 일에 많이 당황한 데다 마음이 여렸다. 취재 과정에서 3차례나 제보를 취소하겠다고 통보해왔다. 전화를 꺼두고 안 받기도 했다. 제보해봐야 자기만 더 힘들어질 수 있다는 걱정 때문이었다. 제보자의 변덕에 평소 같으면 힘들었겠지만, 무슨 이유에서인 이 제보자는 결국 보도를 택할 거란 막연한 믿음이 있었다. 보채지 않고 묵묵히 믿고 기다렸다. 제보자는 결국 내게 미안하다며 방송을 결심했다.

취재 2 - 방정오의 아내

대상이 조선일보인 데다 열 살짜리 어린이라 취재는 여러모로 조심스러웠다. 취재윤리 부분을 특별히 신경 썼다. 아이를 직접 촬영하거나 인터뷰하는 일은 처음부터 취재 목록에서 뺐다. 그래도 방정오 대표의 집과 아이가 다니는 초등학교 사이의 동선은 촬영해야 했다. 또 아이 부모는 반드시 취재해야 했다. 신사적으로 인터뷰 요청하고 질문지 보내봐야 취재에 응해줄 리 없는 사람들이니 이른바 '뻗치기' 취재를 해야 했다. 아이 엄마 이 씨는 당시 수원대 교수로 재직 중이었다. 수업 시간과 강의실을 파악해 수원대에서 수업이 끝나길 기다렸다. 수업이 끝나고 나오는 그에게 다가가 운전기사 갑질에 대한 입장을 물었다.

"그거에 대해선 저희 다 사과했어요."

'별일 아닌데 왜 찾아와 묻지'라는 반응이었다. 질문을 이어가자 카메라를 피했고 어디론가 전화했다.

"아빠. 여기 MBC가 와서 찍고 있는데 이래도 되는 거야?"

나이가 몇 살인데 자기 문제를 아빠한테 이르나. 한심했다. 그의 아버지는 수원대 이사장을 지낸 사람이었다. 그 덕분에 수원대에서 강의를 할 수 있었던 것으로 보인다. 어렸을 적 문제가 생기면 돈 있고 권세 있는 아빠가 늘 해결해줬던 게 습관이 된 걸까? 멀리서 보면 대단해 보여도 실체를 알고 나면 별거 없는 경우가 많다.

취재 3 – TV조선

다음으로 찾아간 곳은 디지틀조선일보였다. 건물 입구 경비에게 취재를 온 이유를 설명했다. 조선일보는 경비부터 오만했다. 건물 건물을 촬영하니 카메라를 손으로 잡고 밀치며 "MBC가 무슨 언론이라고"라고 말했다. 한참을 기다려도 내려오는 사람은 없었다. 누가 내려온다 만다 얘기도 없었다.

기사는 방정오 와이프와 딸의 운전기사였다. 방정오의 운전기사는 따로 있었다. 회사 일이 아니라 개인 일을 했으니 임금은 개인이 지급해야 한다. 하지만 그의 월급은 디지틀조선일보에서 지급됐다. 명백한 배임이었다. 조선일보는 이후 문자로 "운전기사 김 씨가 방

대표와 가족들을 협박하려는 동기를 가지고 대화를 불법적으로 녹음한 것"이라는 입장을 밝혔다. 회사가 월급을 지급했으면서도 와이프와 자식들의 기사일을 시킨 것에 대해선 '사적 부분에서 (운전기사의) 도움을 받은 경우도 발생했다'라는 짧은 답을 했다. 사실상 배임 혐의를 인정한 것이었다. 하지만 그런 경우가 발생한 게 아니라 채용할 때부터 와이프와 애들 등하고 목적으로 기사를 뽑았고 채용 공고도 그렇게 냈다. 보도 이후 민생경제연구소(안진걸 소장)가 배임 혐의로 방정오 대표를 고발했다. 5년 뒤 검찰은 방 대표를 약식 기소했고 법원은 그에게 벌금 700만 원 형을 내렸다.

기사를 킬당하다

대략 2주 정도의 취재를 마치고 기사를 발제했다. 조선일보를 상대하는 일이라 위에서도 관심이 있었는지 부장과 국장이 참여하는 편집회의에 소환돼 취재 내용을 설명했다. 내 편을 들어줄 부장은 휴가를 떠난 상태였다. 아이템을 설명했더니 부장들은 이미 취재 내용을 대략 알고 있었다. 이미 보도국에 소문이 났던 모양이다. 그런데 3년 전에 벌어진 일이라고 다들 잘못 알고 있었다. 한 달 전에 벌어진 일이라고 해도 부장들은 계속해서 "3년 전 아냐?"라고 물었다. 5~6차례 단호하게 한 달 전 벌어진 일이라고 했다. 그제야 3년 전이라는 주장은 사그라들었다. 하지만 첫 단추는 이미 잘못 끼워져 있었다. '3년 전 사건이라 기사가 안 된다'고 판단했던 부장들은, '3년 전이 아니'라는 게 확인됐는데도 '기사가 안 된다'는 입장을 바꾸지 않았다. 열 살짜리 초등학생을 뉴스에서 고발하는 게 맞냐는 문제도 제기됐다. 초등학생을 녹음한 운전기사의 의도도 도마 위에 올랐다. 아이가 흥분하도록 운전기사가 도발했을 거고 그 부분은 편집해서 들어내고 줬을 거라는 주장도 나왔다.

10여 명의 참석자 중 단 2명만 '이걸 왜 안 하냐'는 반응이었다. 그중 한 명은 영상취재 국장이었다. 여기서 비밀을 하나 누설할까 한다. 방송국 취재기자들 대부분이 모르는 사실이다. 기사 가치 판단은 카메라 기자들이 취재기자보다 훨씬 정확하다. 그들은 시청자 입장에서 직관적으로 판단하기 때문이다. 취재기자는 기자 입장에서 판단한다. 자신이 배운 것, 알고 있다고 착각하는 것을 바탕으로 기사 가치를 계산한다. 이 계산에 시청자라는 항은 없거나 후순위다. 그래서 맨날 틀린다. 이때도 그랬다. 박성제 보도국장의 결정은 '보류'였다. 표현만 순화된 거지 사실상 '킬'이었다. 취재와 보도를 언제 재개한다는 조건이 없었다.

3

좋은 보도란 무엇인가?

하고 싶은 이야기가 숨어 있는 아이템이 간혹 있다. 취재 과정에서 숨어 있던 이야기가 모습을 드러내면 마법에 홀린 듯 그 취재에 빠져든다. 이번 취재가 그랬다. 반드시 방송해야만 했다. 데스크를 찾아갔다. 다행히 데스크도 나와 생각이 비슷했다. 할 만한 아이템이라고 생각했던 것이다. 데스크와 함께 박성제 보도국장을 찾아갔다. 꼭 하고 싶다고, 염려하시는 부분은 문제 안 되도록 조심하겠다고 얘기했다.

"후배가 하고 싶다는데 하게 해줘야지."

박성제 선배다운 결정이었다. 다만 조건이 붙었다. 기사는 부국장이 써야 한다는 것이었다. 당시 부국장은 문장력으로는 최고라는 평가를 받고 있었다. 하지만 기사의 주제가 달라졌다. 폭언 갑질과 부모의 이상한 대처가 아니라, 기사가 구두를 닦고 자녀를 등교시키는 일까지 해야 했다는 게 기사의 핵심 내용이 됐다. 초등학생에게 초점을 맞추지 않으려다 보니까 생긴 일이었다. 초등학생의 녹음파일은 약 20초가 나갔다.

보도는 됐지만 파장은 약했다. 제보자는 나를 위로했다. 자신의 한을 풀었으니 됐다고 했다. 보도가 나가고 미디어오늘 기자에게 전화가 왔다. 제보자의 허락을 받아 녹음파일 등 취재자료를 넘겼다. 5일 뒤 미디어오늘이 추가 보도를 했다. 이번엔 달랐다. 시청자들의 반응은 폭발적이었다. 녹음파일을 더 공개한 것이 이유였다. 미디어오늘은 1분 40초 분량을 내보냈다. 아이의 폭언이 얼마나 심각했는지 시청자들이 이해할 수 있을 정도는 보도한 것이다. 방정오는 미디어오늘 보도 다음 날인 2018년 11월 22일 TV조선 대표직에서 사퇴했다. "제 자식 문제로 물의를 일으킨 점 머리 숙여 사과드린다"고 했다.

 MBC 보도 〈구두 닦고 자녀 학원 등원까지…'폭언' 항의하자 해고〉

 미디어오늘 보도 〈조선일보 사장 손녀, 운전기사 '폭언' 녹취록 공개〉

이 기사는 MBC의 특종인가, 미디어오늘의 특종인가? 최초 보도했지만 사회적 파장을 만들지 못한 MBC와 후속 보도였지만 제대로 터뜨려 사회적 파장을 만들어낸 미디어오늘. 둘 중에 누가 더 잘한 걸까? 기자들의 답은 정해져 있다. 최초 보도를 무조건 최고로 친다.

난 생각이 좀 다르다. MBC 최초 보도? 시청자들은 그런 보도가 있었는지 알지도 못하는데 의미가 있나? 대부분 시청자들에게 최초 보도는 미디어오늘이었다. 다들 미디어오늘을 보고 그런 일이 있었는지 알았으니까. 하지만 기자들은 기자들 사이의 경쟁을 중요하게 보기 때문에 최초 보도(단독)를 최고로 친다.

김건희 7시간 녹취록을 MBC가 최초 보도했지만 무슨 의미가 있나. 안 하느니만 못 한 보도였다는 평가를 받는데. 시청자를 중심에 놓고 본다면 시청자와 사회에 미친 파장에 더 많은 점수를 부여해야 한다.

여하튼 미디어오늘 덕분에 이 사건을 최초 보도한 기자로 주목을 받게 됐다. 처음으로 매불쇼와 뉴스공장에 출연했다. MBC라는 막강한 지상파 방송이 인터넷 매체보다 파급력이 없었다는 건 자존심 상하지만 특종을 한(?) 기자로 주목받는 건 기분 좋은 일이었다. 이후 많은 방송에 출연했지만, 이때 방송이 특히 기억에 남는다. 처음으로 다른 매체에 출연한 것이었고, 지상파 방송에서 못다 한 얘기를 했기 때문이다.

저는 사실 이게 갑질이라는 표현으로는 다 표현이 안 되고 계급질이라고 생각합니다. 왜냐하면 남양유업과 비교해보면 거기는 이게 본사 영업사원이 대리점 사장한테 욕하는 거잖아요? 그러니까 영업사원과 대리점 사장이라는 관계에서 나오는 그 계약관계 갑을 관계에서 나오는 겁니다. 그래서 갑질이라고 하는 건데 이거는 그게 아니에요. 이 여자 아이가 기사한테 막 할 수 있는 그 근본적인 우월적 지위가 태생에서 나오는 겁니다. 태생에서. 그리고 이 을이 당할 수밖에 없는 게 계약이라기보다는 당장 먹고살 길이 없다라는 그 가난에서 나오는 겁니다. 가난한 집에서 태어났고 40년 동안 부잣집의 운전기사를 하면서 열심히 일했지만 그 극복하지 못한 가난. 이 양쪽의 태생에서 나오는 거거든요. 갑을하고는 좀 다른 겁니다. 그리고 또 하나 말씀드리고 싶은 게 남양유업 같은 경우는 영업사원이 갑질을 하는 이유가 목적의식이 있습니다. 판매목표를 달성하기 위해서 하는 겁니다. 그런데 여기서 나오는 이 폭언은 그런 게 아니에요. 그냥 순수합니다. 나보다 열등하다고 생각하는 사람에 대한 멸시와 혐오가 깔려 있는 겁니다.… 그러니까 갑질이 끝까지 가면 갑질이 극단화가 되면 결국 그 마지막 단계는 신분제 사회, 계급 사회가 있는 거고 이 사람들은 이미 우리가 모르는 사이에 그 세계를 만들어놓고 그렇게 살고 있었던 겁니다.

- 장인수 기자, 2018.11.26. 뉴스공장에서 -

추신. 보도 이후 제보자가 잘되는 경우는 극히 드물다. 하지만 이 운전기사는 드문 경우가 됐다. 운전기사는 방정오 대표에게 합의금을 받고 이 사건을 더 이상 문제 삼지 않기로 합의했다. 합의금 액수는 기사의 파장에 비하면 형편없었다. 다행히 나중에 신축 아파트의 임대주택에 당첨됐는데 가보니 우리 집보다 훨씬 좋았다. 주거비까지 크게 아끼게 돼 경제적으로도 이전보다 나아진 상태다. 현재 아내와 함께 행복하게 살고 있다.

PART 6.

이시원과 서울시 공무원 간첩 조작 사건

최초보도
2020년 6월 8일, MBC

1

유우성 서울시 공무원 간첩 조작 사건의 시작

탈북민 유우성 씨를 간첩으로 만들려 했던 '서울시 공무원 간첩 조작' 사건은 2014년에 불거졌다. 이때 유 씨는 다른 곳에 공개하지 않은 중요한 사건 자료를 나에게 넘겼다. 하지만 보도하지 못했다. 6년이 지난 2020년이 돼서야 보도할 수 있었다. 2014년에 제대로 보도하지 못한 것에 대해 그에게 지금도 미안한 마음이 든다. 당시 유 씨를 간첩으로 만들려고 노력했던 이시원 검사는 윤석열 정부가 출범하자 대통령실 공직기강비서관에 임명됐다. 이 사건 역시 언론개혁, 검찰개혁이 왜 필요한지를 극명하게 보여준다.

보도하지 못한 이유

유우성 서울시 공무원 간첩 조작 사건은 당시 시사매거진2580 소속이었던 이 모 기자가 최초로 취재했다. 유우성 씨의 여동생 유가려 씨가 합동신문센터에서 나오자마자 단독으로 인터뷰했다. 그녀는 국정원 측의 강요와 압박에 자신의 오빠가 간첩이라고 허위 진술했다고 폭로했지만, 이는 보도되지 못했다. 당시는 박근혜 정부 시절이었다. 이명박 정부 들어서 망가진 MBC는 박근혜 정부 시절에도 여전했다. 보도 가치가 있어도 정권이 마음에 들어 하지 않을 내용은 취재와 보도가 불허되는 상황이 계속됐다. 암울한 시절이었다.

간첩 조작 사건은, 이후 뉴스타파가 유우성의 중국 출입경 기록이 위조됐다고 보도하면서 조금씩 이슈가 되기 시작했다. 국정원과 검찰은 유우성의 간첩 혐의를 입증할 증거로 중국 출입경 기록을 법원에 제출했다. 유우성이 중국과 북한 국경을 오가며 북한 보위부의 지령을 받았다는 공소 사실을 뒷받침하는 자료였다. 이 출입경 기록이 사실인지 확인하기 위해 뉴스타파와 한겨레가 공동으로 취재팀을 꾸려 중국 공안을 찾아갔다. 놀랍게도 중국 공안에서는 누가 이런 식으로 자신들의 출입경 기록을 위조한 것이냐며 문제 삼았고 이 영상이 그대로 보도됐다.

당시 보도를 보면서, 대놓고 증거를 조작하는 검찰과 국정원의 행태가 놀랍고 신기했다. 검찰과 국정원의 증거 조작은 점입가경이었다. 증거가 조작이라는 사실이 밝혀졌으면 거기서 수사를 중단해야 한다. 하지만 검찰과 국정원은 계속해서 조작된 증거를 제시했다.

검찰은 유우성이 북한 보위부 지령을 받아 국내 탈북자 활동 현황 및 인적 사항을 보위부에 보고하는 간첩행위를 했다고 주장했다. 유우성이 북한에서 보위부를 만나 협의했다는 날짜까지 특정했다. 그러자 유우성은 그 날짜에 중국 연길에서 찍은 자신의 사진을 알리바이로 제출했다. 그러면 검찰과 국정원은 유 씨가 보위부를 만났다는 날짜를 다른 날로 변경해서 간첩이 맞다고 주장했다. 이런 일이 반복됐다.

재판부는 중국 출입경 기록이 위조된 것이 맞는지 중국 정부에 공식적으로 질의했다. 중국 정부는 '위조된 문서'라고 답했다. 조용하던 언론들은 이때부터 보도를 쏟아내기 시작했다. 뉴스타파 등 일부 언론이 증거가 조작됐다는 사실을 밝혀내 보도해도 가만히 있다가 정부가 발표하자 그제야 받아쓰기 시작한 것이다. 이번엔 중국 정부라는 게 좀 다르긴 했다.

박근혜 정부하에선 MBC도 다르지 않았다. 이 모 기자가 단독 기사로 발제했을 땐 킬하더니, 모두가 받아쓰자 위에선 뭐라도 하는 시늉을 해야겠다고 판단했다. 간첩 조작 사건을 보도하라는 지시가 내게 내려왔다.

뒤늦게 뛰어든 탓에 새롭게 취재할 거리가 남아 있지 않았다. 유우성 씨가 언론 인터뷰를 잘 안 하던 때라 단독 인터뷰라도 해야 했다. 인터뷰가 아니더라도 그를 취재하는 게 필수였다. MBC에 대한 인식이 매우 안 좋은 때였는데도 유 씨는 나를 만나줬다. 마침 그와 집이 가까워 퇴근하고 동네에서 자주 만났다. 집에 굴러다니는 양주를 가져가 함께 마시거나 집 근처에서 삼겹살을 먹거나 했다. 자주 만나서 얘기하다 보니 처음엔 경계하던 유 씨도 마음을 점차 열었다. 보도 날짜가 얼마 남지 않았는데 유 씨가 USB 메모리 하나를 건넸다. 아직까지 보도된 적이 없는 자료라고 했다. 그 자료는 간첩 조작 사건의 첫번째 재판이 녹음돼 있는 파일이었다. 서로 만나게 해달라며 우는 우성 씨와 가려 씨 남매, 대놓고 사건을 조작하고 재판부를 속인 검사의 행태, 항의하는 변호사들…. 드라마의 한 장면 같았다.

그 녹음파일에는 특히 검사들의 사건 조작 수법이 명확하게 드러나 있었다. 특종이 될 만한 자료였다. 회사에 취재 내용을 발제했다가 혼났다. 위에선 단독 보도를 원한 것이 아니었다. 무난하게 하나 마나 한 그런 보도를 원했다. 그런데 센 단독을 들고 왔으니 당황스러웠던 것이다. 그때 부장이 한 얘기는 그때까지 배웠던 것을 모두 부정하는 내용이었다. '새로운 내용은 중요하지 않다.' '지금까지 나온 얘기들 가지고 써라.' '신문 사설처럼 점잖게 지적하는 기사를 써라.' 결국 부장은 녹음파일을 방송을 금지했다. 그렇게 단독 자료를 줘도 한 줄도 못 쓰는 기자가 됐다.

2

검찰의 조작, 언론의 외면

검찰은 어떻게 조작했나?

사건을 좀 더 들여다보자. 2004년 3월에 탈북한 유우성 씨는 서울시 계약직 공무원으로 재직 중이었다. 2012년 유 씨의 권유로 동생 유가려 씨도 탈북자로 한국에 들어왔다. 그리고 가려 씨는 6개월 동안 국정원 합동신문센터에서 조사를 받았다. 당시 그녀는 회유와 협박은 물론이고 폭행까지 당했다고 주장했다. 자신과 오빠가 간첩이 아니라는 주장은 받아들여지지 않았다. 자포자기한 그녀는 오빠가 간첩이라고 허위 진술을 하기에 이른다.

국정원의 회유와 협박에 시달리던 가려 씨가 처음 만난 검사가 바로 이시원이었다. 그녀는 용기를 내 자기 남매는 간첩이 아니라고 진술했다고 한다. 그러자 이시원은 조사실에 있던 검찰 수사관을 나가라고 한 뒤 단둘이 있을 때 "이런 식으로 진술하면 너희를 도와줄 수 없다"고 했다. 결국 가려 씨는 다시 간첩이라고 허위 자백을 했다.

자백을 확보한 검찰은 곧바로 법 기술을 부렸다. 간첩 재판은 서울중앙지법에서 열릴 예정이었는데 수원지방법원 안산지원에 증거보전절차를 신청했다. 국정원 합동신문센터가 안산에 있다는 이유였다. 증거보전절차는 증인이 정식 재판까지 기다리기 어려울 때 미리 판사 앞에서 증언을 받아놓는 절차를 말한다. 말기암 환자라 언제 죽을지 모르거나 중요한 일로 반드시 외국에 나가야 하는 증인이 이에 해당된다. 가려 씨는 증거보전절차가 필요 없었다. 환자도 아니고, 외교관이나 기업인도 아니었다. 하지만 검찰 요청대로 안산지원에서 증거보존절차가 열렸다.

이시원 오빠가 보위부 사업을 위해 교육을 받고 있다. 이렇게 얘기하던가요?

유가려 네.

이시원 2012년 1월 설날 무렵에 오빠 유우성이 회령을 다녀온 사실이 있죠?

유가려 네.

이시원 아버지가 회령에 가 있으니 설을 함께 보내고 보위부 일도 보기 위해 회령에 다녀오겠다 이렇게 얘기한 사실이 있습니까?

유가려 네.

    이런 식으로 이시원은 140개의 질문을 했다. 유가려 씨는 어떠한 보충 설명 없이 "네"라고만 말했다. 대답하기 힘든 부분에선 흐느끼며 "네"라고 답했다. 통상 증언의 신빙성을 보여주기 위해 몇몇 부분에선 당시 상황을 구체적으로 설명하도록 하지만 이날은 이런 장면이 단 한 차례도 없었다. 누가 봐도 각본대로 진행되고 있었다.
    변호사들의 반대 신문이 시작됐지만 가려 씨는 자신들이 간첩이 맞다는 진술을 쉽게 바꾸지 않았다. 그러다 뜻밖의 상황이 벌어졌다.

양승봉 변호사 오빠가 지금 갇혀 있지만 있는 사실을 당당하게
(이하 양)   말하잖아요. 가려 씨도 두려워할 필요 없습니다.
유가려(이하 유) 교도소에 갇혀 있다고요? 며칠 동안 갇혀 있었습니까?
양 1월 10일부터 계속 갇혀 있었습니다. 오빠 갇혀 있는지 몰랐
    습니까?
유 몰랐습니다.
(중략)
유 자기 있는 죄를 깨끗하게 얘기하고 진술하고 더 털어버리게
    되면 오빠하고 같이 살 수 있다고….
판사 한국에서 살 수 있다는 겁니까? 아니면 중국에서 가서 살
    수 있다는 겁니까?

유 한국에서 살 수 있다고….

유가려 씨는 자기 때문에 오빠가 구속돼 있다는 사실조차 몰랐다. 심지어 오빠가 간첩이라고 말해야 오빠하고 한국에서 함께 살 수 있다고 믿고 있었다. 상식적으로 말이 안 되지만 국정원은 KAL기 폭파범 김현희를 예로 들며 회유한다고 한다. 한국에선 KAL기를 폭파해도 간첩이라고 스스로 자백하면 행복하게 잘 살 수 있다고…. 가려 씨는 국정원의 이 말을 믿었던 것이다. 이날 이시원 검사는 대한민국 정부가 유가려를 보호할 것이라고 말했다.

> 우리 증인이 이런 모든 내용을 얘기하고 중국으로 가면 생명을 보존할 수가 있을지 이거는 누구나 물어보면 다 아는 사실입니다. 그런 상황에서 어떻게 대한민국 정부가 이런 부분에 있어서 보호 조치를 강구하지 않을 수 있겠습니까? (…) 우리가 실은 추방할 거면서 마치 안 그런 것처럼 거짓말했다는 (변호사들의 주장) 부분에 대해서는 심히 사실과 다르고 상당한 유감을 표시합니다.

결국 이날 재판에선 자신들이 간첩이라는 유가려 씨의 진술이 증거로 보전됐다. 그녀가 합동신문센터에서 풀려나자 검찰은 그녀를 강제출국 조치했다. 재판에 증거로 제출할 증언을 확보했으니 그녀가 더 이상 필요 없어졌기 때문이다.

저널리스트 〈1심 증거보전재판 녹음 "대한민국에선 법이 지켜주는 거야. 울지 마"〉

언론은 어떻게 외면했나

이 증거보전절차는 유우성 씨가 준 녹음파일에 전부 녹음돼 있었다. 하지만 단 1초도 방송하지 못했다. 이 사건을 이렇게 묻히게 해선 안 된다는 생각에 영상 관련 사업을 하는 친구를 찾아갔다. 임성준 PD로 현재 저널리스트를 함께 하고 있다. 임 PD와 함께 10시간의 녹음파일을 20분으로 줄여서 편집했다. 국회에서 폭로하도록 평소 친하게 지내던 보좌관에게 가져다줬다. 오마이뉴스 등이 보도하긴 했지만, 당시만 해도 유튜브 등이 아직 활성화되지 않았던 시기라 크게 이슈가 되지 못했다. 단독 취재를 하고도 제대로 보도하지 못했단 사실은 작은 멍에가 돼 마음 한편을 늘 짓눌렀다.

6년이 지난 2020년 6월, 문재인 대통령이 집권하고 MBC도 정상화가 됐다. 늦었지만 유우성 씨 보도를 해야겠다고 마음먹었다. 오랜만에 유 씨를 만나 관련 사건을 이제라도 보도하고 싶다고 말했다. 그는 흔쾌히 허락했다. 2020년 6월 8일 뉴스데스크에서 〈[단독] 10시간 녹음파일 단독입수…간첩조작의 진실은〉, 〈[단독] "격리된 채 화상 증언…진술 끝나자 강제 출국"〉 2개의 리포트로 보도했다. 반응이 나쁘지는 않았지만 워낙 오래된 얘기라 특종이 되기는 어려웠다. 아쉬우나마 마음의 짐을 조금은 덜 수 있었다.

그런데 윤석열 정부가 들어서자 간첩 조작 사건의 담당 검사였던 이시원이 대통령실 공직기강비서관에 임명됐다. '조작해라. 그러면 출세한다'는 메시지나 다름없었다. 부끄러움이 없는 사람에게 권력을 준 대가를 톡톡히 치르고 있다.

유우성을 간첩으로 만든 이유

군사정권 시절엔 정권 유지를 위해 간첩이 필요했다. 조심하지 않으면 나도 간첩으로 몰릴 수 있다는 공포감을 줘야 했다. 민주화 이후 이런 공포정치는 잘 작동하지 않는다. 권력자들은 더 이상 간첩이 필요하지 않게 됐고 별 관심도 없다. 심지어 간첩(?)을 잡고도 발표를 안 해 잘 모르고 넘어가는 경우도 있다. 그런데도 국정권과 공안 검사들은 간첩을 원한다. 자신들의 승진을 위해서다. 문제는 진짜 간첩을 잡아 승진을 하는 게 아니라 승진을 위해 간첩을 만들어낸다는 거다. 그 대표적인 예가 유우성 씨다. 뉴스타파가 보도한 '밴드 여간첩 사건'도 있다. 대법원은 그녀의 간첩죄를 인정해 징역 3년을 선고했다. 하지만 그런 일이 있었는지도 우리는 잘 모르고 지나갔다.

검찰이 작성한 이 사건의 공소장은 가관이다. 간첩이 된 탈북자는 국정원 합동신문센터에서 거짓말 탐지기 조사를 받았다. "당신은 간첩이냐"는 질문에 "아니요"라고 답했고 진실 반응이 나왔다. 두 차례 조사가 이뤄졌는데 마찬가지였다. 국정원과 검찰은 북한 보위부 소속 과학자들이 간첩이라는 사실을 잊게 만드는 '신비의 약'을 개발했고 이 간첩은 거짓말 탐지기 조사 직전에 이 약 성분이 든 패치를 몸에 붙여 거짓말 탐지기 조사를 통과했다고 공소장에 적었다.

국정원 합동신문센터는 통상 탈북자들이 처음 입소할 때 알몸 조사를 벌인다. 국정원은 이 여성이 '신비의 약'을 브래지어에 숨겨 들어왔다고 했다. 그러면 브래지어는 왜 조사하지 않았냐는 취재진의 질문에 검찰과 국정원은 답하지 않았다. 한편 국정원의 거짓말 탐지기 조사는 불시에 이뤄진다. 친절하게 미리 안내해 주지 않는다. 검찰 공소장대로라면 이 여성은 2번이나 거짓말 탐지기 조사 시점을 미리 알고 직전에 패치를 붙였어야 한다. 불가능한 일이다. 공소장에 따르면 이 여성의 남자 친구도 간첩이다. 둘이 함께 지령을 받고 내려왔다는 건데 검찰은 여성은 기소했지만 남자 친구는 기소하지 않았다. 여성은 나중에 자포자기한 나머지 간첩이라고 자백했지만 남자 친구는 끝까지 자백하지 않았기 때문이었다. 처음부터 끝까지 코미디지만 어찌됐든 그녀는 간첩이 됐다.

시사매거진2580에 있을 때 3년 징역형을 살고 나온 이 여성을 인터뷰했지만 보도는 하지 못했다. 대법원이 그렇다는데 거기에 시비 거는 행동은 언론계에선 거의 불가능하다.

검사, 국정원 직원 같은 엘리트들은 자신들의 승진을 위해 가장 낮은 위치에 있는 탈북자 중 누군가에게 간첩죄를 뒤집어씌우고 감옥에 보낸다. 인간 사냥과 뭐가 다른가? 이시원은 검사 생활을 마무리할 때 이렇게 적었다.

"대과 없이 무사히 검찰조직을 나올 수 있어 영광이라고 생각한다."

그는 이런 뻔뻔한 태도를 채 해병 순직 사건에서도 되풀이해 보여줬다.

유우성 간첩 조작 사건은 지금도 진행형이다. 그를 간첩으로 만든 이시원 같은 자가 처벌을 받기는커녕 승진했고 출세까지 했기 때문이다. 이 사건 역시 검찰과 언론 개혁이 왜 필요한지 보여준다. 검찰과 언론을 바꾸지 못하면 누군가는 제2의 유우성이 될 것이다. 검찰은 조작하고 억울하다고 외쳐도 언론은 외면할 테니까. 이보다 완벽한 빅브라더의 세계가 있을까?

맺음말 - 저널리스트 그리고 다시 기자

책을 어떻게 끝낼지 몰라 썼다 지웠다 하며 고민하는 와중에 12.3 내란 사태가 터졌다. 이따금 전쟁이 터지면 회사로 가서 보도를 준비해야 하는지 가족에게 가서 피난을 가야 하는지 고민해 본 적은 있지만 대통령이 비상계엄을 선포해 친위쿠데타를 일으키리라고는 아예 상상을 못했다.

윤석열은 비상계엄 담화문과 포고문에서 '척결', '처단'이라는 표현을 수차례 사용했다. 이 단어가 나올 때마다 움찔움찔했다. '나도 대상일까?' 윤석열-김건희의 부당함을 알리기 위한 기사를 적지 않게 써왔다고 생각했다. 그의 쿠데타를 지켜보며 원점에서 다시 생각하게 된다. 그의 부당함을 알리는 기사를 몇 건 쓴 것으로 소임을 다했다고 말할 수 있나? 모르겠다. 윤석열 같은 자가 국가 지도자가 되지 못하도록 하는 게 기자가 하는 일이다. 건전한 언론이 살아있는 국가에서 윤석열 같은 사람이 최고지도자가 될 수 없다. 우리 언론은 총체적으로 실패했다. 나는 예외라고 말할 수 있을까?

MB 정부 시절 4대강 사업을 취재했었다. 공사 현장을 열심히 뒤지고 다니다 불법이 벌어지는 현장을 발견하면 카메라에 담아 폭로했다. 이게 언론이 어떤 사안에 비판적으로 접근하는 방식이다. 그러다 문득 부질없다는 생각이 들었다. 절차와 법을 잘 지키기만 하면 4대강 사업을 해도 되는 건가? 멀쩡한 강바닥을 파는 건 처음부터 미친 짓인데 합법적으로만 공사하면 보도할 게 없단 얘기 아닌가?

사안은 많이 다르지만 12.3 내란 사태를 보며 언론의 역할에 대해 다시 생각하게 된다. 윤석열-김건희의 비리와 문제점을 찾아내 나름 열심히 보도했다. 디올백 수수, 김건희 7시간 녹취록, 김대남 녹취록, 김건희 처가 문제 등등…. 그런데 윤석열-김건희는 애초에 제정신이 아닌 사람들이었다. 이들의 근본적인 문제는 놔두고 지엽적일 수도 있는 이들의 행태와 비리를 찾아내 폭로했던 것은 아닐까?

기자들은 총체적인 비판을 하지 않는다. 그건 평론가의 영역이다. 기자들은 팩트를 신봉한다. 팩트가 없으면 쓸 기사도 없다. 윤석열-김건희가 잘못된 행동을 하면 기자는 그걸 찾아내야 비로소 보도할 거리가 생긴다. 하지만 이같은 방식의 견제와 감시는 애초에 제정신이 아니었던 윤석열-김건희 상대로는 부질없는 것이었을지 모른다.

다른 해석도 있다. 한 외신은 12.3 내란 사태의 결정적 원인으로 디올백 수수 사건을 꼽았다. 디올백 수수 사건을 제대로 해결하지 못해 지지율이 급락했고 결국 극단적인 상황에 내몰린 윤석열이 아무도 예상하지 못한 친위쿠데타를 일으켜 사태를 돌파하려 했다는 것이다. 이 분석이 맞는지는 모르겠지만 확실한 건 디올백 수수 사건 보도 후 윤석열-김건희에 대한 언론의 태도가 많이 바뀌었다는 점이다. 처음엔 MBC도 디올백 사건 보도를 주저했다. 이때만 해도 윤석열-김건희는 기성 매체들에겐 신성불가침의 대상처럼 여겨졌다. 하지만 디올백 사건 이후 윤석열-한동훈 갈등이 시작되고 권익위원회와 검찰이 말도 안 되는 방식으로 사건을 덮자 많은 언론들이 비판하기 시작했다. 비판해도 괜찮다는 걸 확인한 언론들은 윤석열-김건희의 다른 문제들에 대해서도 포문을 열었다. MBC, JTBC 같은 언론들이 대표적이다.

이 책을 쓰게 된 건 그래도 윤석열-김건희를 열심히 추적하고 고발해온 기자라고 생각해주시는 분들이 있기 때문일 것이다. 그런 평가를 받는 건 감사한 일이다. 윤석열-김건희 정권은 끝날 것이다. 기여한 바가 없진 않을 것이라고 기대해 본다. 이제 더 어려운 싸움이 기다리고 있다. 검찰과 언론개혁이다. 철옹성 같았던 윤석열-김건희가 무너지듯 검찰과 언론도 무너질 것이다. 그렇게 만들 것이다.

작심하고 다시, 기자

초판 발행　　2025년 1월 25일
1판 2쇄발행　2025년 2월 3일

글　　　　장인수
펴낸이　　박정우
편집　　　강동준
디자인　　디자인 이상

펴낸곳　　출판사 시월
출판등록　2019년 10월 1일 제 406-2019-000107호
주소　　　경기도 고양시 일산동구 문봉길62번길 89-23
전화　　　070-8628-8765
E-mail　　poemoonbook@gmail.com

ⓒ 장인수
ISBN　　　979-11-91975-27-7 (03300)